De Verdun à Auschwitz

Mémoires du XXe siècle

Déjà parus

Robert du Bourg de BOZAS, *Lettres de voyage. Avant-propos et notes de Claude Guillemot,* 2013.
Marion BÉNECH, *Un médecin hygiéniste déporté à Mauthausen. Portrait de Jean Bénech*, 2013.
Larissa CAIN, *Helena retrouvée. Récits polonais,* 2013.
Lucien MURAT, *Carnets de guerre et correspondances 1914 – 1918. Documents présentés et annotés par Françoise FIGUS, 2012.*
Zysla BELLIAT-MORGENSZTERN, *La photographie, Pithiviers, 1941. La mémoire de mon père*, 2012.
Serge BOUCHET de FAREINS, *De l'Ain au Danube, Témoignages de vétérans de la 1re Armée Française (1944–1945),* 2012.
Gabriel BALIQUE, *Saisons de guerre, Notes d'un combattant de la Grande Guerre,* 2012.
Jean DUCLOS, *Notes de campagne 1914 – 1916 suivies d'un épilogue (1917 – 1925) et commentées par son fils, Louis-Jean Duclos Collectif-Artois 1914/1915,* 2012.
Odette ABADI, *Terre de détresse. Birkenau – Bergen-Belsen,* nouvelle édition, 2012.
Sylvie DOUCHE, *Correspondances inédites à des musiciens français. 1914-1918*, 2012.
Michel RIBON, *Jours de colère*, 2012.
François MARQUIS, *Pour un pays d'orangers, Algérie 1959-2012,* 2012
Jacques RONGIER, *Ma campagne d'Algérie tomes 1 et 2,* 2012.
Michèle FELDMAN, *Le Carnet noir,* 2012.
Jean-Pierre CÔMES, *Algérie, souvenirs d'ombre et de lumière,* 2012.
Claude SOUBESTE, *Une saison au Tchad*, 2012.
Paul OLLIER, *Algérie mon amour*, 2012.
Anita NANDRIS-CUDLA, *20 ans en Sibérie. Souvenirs d'une vie*, 2011.

Michelle Salomon-Durand

De Verdun à Auschwitz

L'histoire de mon père
André Raben Salomon

(1898-1944)

Préface de Bernard Reviriégo

L'Harmattan

5-7, rue de l'École-Polytechnique ; 75005 Paris
http://www.librairieharmattan.com
diffusion.harmattan@wanadoo.fr
harmattan1@wanadoo.fr
ISBN : 978-2-343-00875-2
EAN : 9782343008752

Préface

De Verdun à Auschwitz : ce titre au dramatique raccourci est celui d'une tragédie qui a la Shoah comme ligne d'horizon fatidique et la trahison comme moteur. Comme dans les tragédies, un engrenage impitoyable broie les personnages dans l'incapacité de comprendre ou de dépasser les événements qu'ils subissent et que nous autres, spectateurs d'aujourd'hui, regardons avec effroi. Trahison, comme le démontre Michelle Salomon, trahison de ceux qui se sont entièrement donnés à la France lors de la première Guerre mondiale, renonçant, c'est le cas de son père, André Salomon, à leurs études, payant d'invalidités parfois lourdes, voire de leur vie, ce patriotisme. André Salomon, avec sa loyauté remarquable envers Pétain, renonce à plusieurs reprises, avec l'entêtement des gens droits et honnêtes, à un départ salvateur en Espagne. Il maintient sa confiance au Maréchal jusqu'au jour où le voile tombe et il admet et comprend la portée de la duplicité, du cynisme, des mensonges auxquels il est confronté et la véritable nature du régime. Plus tard, en 1944, à son arrivée sur les quais de sélection d'Auschwitz, c'est sa blessure de guerre de 1917 qui le conduira directement à la chambre à gaz.

Cette longue montée vers l'irrémédiable (les recensements, la surveillance, les spoliations, les marques infâmantes, tout ceci, que nous connaissons bien maintenant) est décrite avec une grande clarté, mais aussi avec la force, toujours nouvelle et bouleversante, d'un récit incarné, de parcours de vie que nous suivons un à un. Michelle Salomon relève bien, avec étonnement, que l'administration française est efficace, cette administration qui trace, ou tisse, patiemment, en pointillé, la route des camps. Oui, la Dordogne (de part et d'autre de la ligne de démarcation qui la partage) a été soumise aux forces de répression issues de la collaboration de l'Etat français, aux affres des exactions et des rafles de l'occupant, au zèle meurtrier des auxiliaires (Milice, PPF, Brigade Nord-Africaine, etc.) et des délateurs. Ce sont environ 1020 personnes, réfugiées ici, qui, parce que juives, ont péri dans les camps d'extermination et environ 170 qui ont été sauvagement abattues...

Il y tragédie, certes, mais il ne faudrait surtout pas croire que cette machine infernale ne rencontre ou suscite que passivité et découragement ! Et c'est bien l'une des leçons de ce récit. Michelle Salomon se fait portraitiste de ceux qui l'entourent, la famille, les amis, mais elle nous donne surtout un portrait, oh combien magnifique, de ses parents André et Dita qui, anticipant, prévoyant, s'adaptant, gérant leurs biens, protégeant leurs enfants, s'appuyant sur leurs amis, leurs réseaux, déployant des trésors d'énergie et d'ingéniosité, parviennent envers et contre tout à conserver un cadre de vie familial protecteur et rassurant. Mieux, en dépit des menaces qui les obligent à quitter les lieux qui leur sont familiers et comprenant enfin la trahison de Pétain, André participe, dès le début de l'année 1943, à la Résistance. Résistance jusqu'au sacrifice, car son arrestation dans la Sarthe, puis sa déportation, est certainement imputable à son action dans les missions de renseignement. Et comment ne pas rendre un hommage appuyé à Dita, la mère à l'activité incessante, à l'énergie et à l'amour pour les siens, qui lui fait imaginer et mettre en place tant de stratégies, qui trouve la force et le courage, en octobre 1944, de créer, avec Georgette Nessmann, le Comité d'aide sarladais aux déportés et victimes de la guerre.

Le récit de Michelle Salomon nous permet de comprendre bien des choses que l'on ne trouvera jamais dans les archives... l'appui des amis, Juifs ou non Juifs, l'entourage bienveillant de l'environnement rural de Lou-Prat, la protection des uns et des autres, sur lesquels il y aurait tant à dire. Elle s'attache, dans ce récit, pour lequel le mot tant galvaudé de « travail de mémoire » se justifie pleinement, à ouvrir une à une les portes de la mémoire, à retrouver les sources, les témoignages, les documents, et à dégager les événements replacés dans leur contexte familial ou historique, à créer du sens, à combler les lacunes et les incompréhensions. Elle le fait de façon méthodique, incisive, scientifique, zoomant sur les détails, avançant un fait, le liant à un autre, développant une hypothèse. Le registre d'écriture n'est jamais émotionnel, mais le récit, dense et intense, atteint d'autant mieux son but, qui vise à donner à comprendre et à transmettre. Elle a un atout considérable : ce qu'elle appelle « le carton d'André », cette source assez exceptionnelle de documents d'origine familiale, mais aussi la mémoire-miroir de ce frère si présent. Même si la mémoire retrouvée ne permet pas de réparer l'irréparable, elle devient hommage et transmission, au-delà du geste d'amour et de la blessure.

Bernard Reviriégo

Conservateur du patrimoine
Auteur de « *Les Juifs en Dordogne, 1939-1944* »

À ma mère, pour son courage et son dévouement,

à mes petits enfants pour qu'ils n'oublient pas,

à toutes les personnes qui nous ont aidés

pendant la guerre.

Prologue

J'allais avoir 11 ans lorsque j'ai vu pour la dernière fois, en avril 1944, mon père André Raben Salomon avant qu'il ne soit déporté et gazé à Auschwitz. Aussi, les souvenirs que j'ai personnellement conservés de lui se rapportent surtout aux années de la guerre 1939-1944, années d'angoisse pour la famille car il était d'origine juive. Je revois néanmoins mon père comme un homme gai, enjoué, affable, aimant plaisanter, appréciant les bons repas. Après tant d'années, je l'entends encore chanter le matin, en se rasant, des chansons de Charles Trenet. Il était handicapé par les séquelles de ses blessures de la guerre de 1914-1918 : il avait reçu à Verdun des éclats d'obus dans les poumons et le bras droit. Je me sentais gênée devant sa main droite aux doigts recroquevillés qui le rendait maladroit et le faisait parfois jurer. Il interdisait à Jacques, mon frère, de jouer avec des soldats de plomb qui lui rappelaient probablement ce qu'il avait vécu au front. Mon père, non-croyant, ne nous parlait jamais de religion. Il était toujours affectueux, attentionné mais sévère pour le travail scolaire, surtout avec Jacques ; sans doute regrettait-il de n'avoir pu lui-même poursuivre ses études, s'étant engagé volontairement en 1916, à 18 ans, pour défendre la France.

Mon frère m'a confié récemment un carton nommé *André* qu'il avait trouvé dans notre maison de Dordogne après le décès de notre mère en 1981. Ce carton volumineux contenait courriers, brouillons de lettre, photos et papiers originaux concernant la vie de notre père et de sa famille notamment durant les périodes dramatiques des deux dernières guerres. La lecture de ces documents m'a beaucoup intéressée non seulement par leur aspect personnel sur mon père mais aussi par leur valeur historique. J'ai alors estimé qu'ils pouvaient constituer la base d'un témoignage sur la vie d'une famille d'origine judéo-chrétienne dans la première moitié du XXe siècle.

J'ai cherché à compléter mon information en consultant des documents se rapportant à notre famille conservés dans différentes Archives, en particulier celle des Victimes de Guerre du ministère de la Défense à Caen et du Mémorial de la Shoah à Paris. J'ai aussi lu divers ouvrages historiques cités en bibliographie. À l'aide de cette documentation, de mes propres souvenirs et de ceux de mon frère, parents et amis encore vivants, j'ai essayé de reconstituer l'histoire de mon père pour conserver sa mémoire et apporter un témoignage personnel des désastres engendrés par l'intolérance, le racisme et la guerre.

I. Les origines et l'enfance d'André

Les origines

La famille de mon père, André Raben Salomon, de confession juive, vivait en France depuis au moins cinq générations. Elle était originaire de Lorraine avec quelques ramifications en Alsace et dans les régions frontalières de l'actuelle Allemagne. Les ancêtres d'André habitaient déjà la Lorraine avant le rattachement de cette province à la France en 1766. Ils obtinrent comme tous les Juifs de France la pleine nationalité française sous le premier Empire. Plus tard, en 1871, le grand-père d'André optera pour la nationalité française lors de l'annexion de l'Alsace-Lorraine à l'Empire allemand.

L'histoire de la famille Salomon est intimement liée à celle d'une autre famille juive, la famille Vorms également d'origine lorraine. Leurs relations remontent au XVIIIe siècle et se poursuivront jusqu'à la Seconde Guerre mondiale au cours de laquelle plusieurs membres de nos deux familles seront déportés. Mon cousin Antoine Vorms a fait une recherche conjointe de nos généalogies. J'en présente ici un résumé pour les ascendants Salomon.

Les Salomon et les Vorms en Lorraine

Au XVIIIe siècle, les deux familles Salomon et Vorms habitent des villages lorrains voisins, au Sud de Metz, les Salomon à Louvigny et les Vorms à Delme puis à Tragny. Antoine a retrouvé trace des Salomon dans les registres de déclarations de prise de noms patronymiques des Juifs de Lorraine sous Napoléon en 1808. Il s'agit d'Israël Salomon, né en 1728 et de son fils Raben, né en 1759.

L'arrière-grand-père d'André, Jacob, né en 1796 est le fils de Raben et de Seurette Mayeur. Deux de ses sœurs Anne et Rachelle épousent, en 1809 et 1813, les frères Bernard et Isaÿ Vorms originaires de Tragny, premières unions maritales connues entre les Vorms et les Salomon.

Jacob Salomon exerce le métier de marchand de bestiaux. Il est le dernier des ascendants d'André à avoir habité la Lorraine. Son fils aîné Raben quittera définitivement cette région.

Les Salomon, de la Lorraine à Paris

Raben, le grand-père d'André, est né en 1834 à Louvigny. Il quitte la Lorraine pour se fixer à Vitry-le-François (Marne) après un passage à Châlons-sur-Marne puis à Namur en Belgique. Raben habite déjà Châlons-sur-Marne lorsqu'il se marie en 1861 en Allemagne, à Saarlouis, avec Apollonia (Pauline) Lévi. Pauline, la grand-mère d'André, est née en 1835 à Dillingen (district de Saarlouis). Elle est la fille de Judas Lévi, boucher à Dillingen, et de Dorothéa Kahn.

Raben, grand père d'André, vers 1880 (fonds familial).

Les grands-parents d'André ont sept enfants. Les deux premiers sont des filles, Delphine qui nait en 1862 à Châlons-sur-Marne et Berthe, en 1864 à Namur. Les cinq enfants suivants naissent à Vitry-le-François : Elise (1866), Jules (1868) qui deviendra le père d'André, Mathilde (1870), Louis (1872) le futur tuteur d'André, et Marthe (1875). Raben est alors marchand de bestiaux comme l'était, à Louvigny, son père Jacob.

Le choix de la France

À la suite de la défaite de 1870, l'Allemagne annexe l'Alsace et la Moselle ; le traité du 10 mai 1871 donne aux personnes nées dans ces provinces le choix de la nationalité. C'est le cas pour Raben, le grand-père d'André qui, le 5 juin 1872, déclare opter pour la nationalité française devant l'officier de l'état civil de Vitry-le-François. En 1886, Raben figure encore sur le recensement de Vitry ; il a

51 ans et habite 24, rue des Tanneurs avec Pauline, qualifiée d'*étrangère* car elle a conservé sa nationalité allemande. Ils vivent avec six de leurs sept enfants ; Delphine est signalée absente, peut-être à 24 ans est-elle déjà partie pour Paris ? Raben meurt à Vitry-le-François le 9 octobre 1886, juste après le recensement. Son épouse Pauline, la grand-mère d'André, décèdera plus tard à Paris en 1901.

Les Salomon à Paris

En 1893, Jules, le fils de Raben et futur père d'André, est installé à Paris avec sa mère Pauline, son oncle (un certain Gerson Salomon), ses frères et ses sœurs. Les hommes exercent toujours le métier de marchands de bestiaux. Cette année-là, les Salomon s'allient de nouveau avec les Vorms qui ont aussi quitté la Lorraine : Delphine Salomon épouse son lointain parent David Vorms, resté veuf avec six enfants depuis l'année précédente. Les Salomon habitent dans les Xe et XIXe arrondissements, successivement au 18, rue Cail, au 154, rue d'Allemagne (actuellement l'avenue Jean-Jaurès) et au 69, rue Louis-Blanc, près du quartier des abattoirs et du marché aux bestiaux de la Villette où travaillent les hommes de la famille. Il y règne pourtant à cette époque un certain antisémitisme. C'est le moment de l'Affaire Dreyfus et c'est à La Villette que les bandes antisémites du marquis de Morès, de Jules Guérin puis de Gaston Dumay sévissent et recrutent leurs adeptes parmi les bouchers.

Les raisons des déménagements successifs de la famille Salomon avant et après la guerre franco-allemande de 1870 ne sont pas claires. La germanisation de la Lorraine en 1871 a poussé de nombreux Juifs (environ 50 000) à quitter leur terre natale, mais pourquoi les Salomon ont-ils déjà quitté la Lorraine une dizaine d'années auparavant ? Pour des raisons économiques ? Raben se déclarait marchand de bestiaux dans les différentes villes où il habitait ; vendait-il des chevaux pour l'armée ? Le grand marché à bestiaux de la Villette, ouvert à Paris en 1867, devait être un centre d'activité très attractif pour les Salomon.

Le mariage des parents d'André

Jules Salomon se marie à Paris le 9 septembre 1897 avec Judith Juliette Beer. Jules a 29 ans et Judith 23 ans. Les trois témoins du mariage sont : Maurice Beer, frère aîné de Judith, entrepreneur de pompes funèbres, Louis Salomon, frère de Jules, négociant, et David Vorms, beau-frère de Jules, également négociant. Le contrat de mariage stipule que Judith a une dot de 25 000 francs-or, ce qui dénote une certaine aisance du côté Beer. Lors du mariage, la famille Beer habite Paris, 39, rue Notre-Dame-de-Nazareth.

La famille de la mère d'André

Antoine Vorms a aussi fait des recherches sur la famille Beer. Judith est la fille cadette de Raphaël Beer et de Babette Lévy. Raphaël (fils d'une précédente Judith Beer) est né à Thann, Haut-Rhin, en 1825. Son épouse, Babette (fille de Léopold Lévy et de Rébecca Aron) est née en Rhénanie prussienne à Rhaunen en 1839. Babette et Raphaël se sont mariés à Paris en 1864 ; Raphaël est alors sergent de ville et Babette cuisinière. Leur fils aîné Moïse (dit Maurice) est né en 1865 et leur fille Judith, la future mère d'André, en 1874.

Maurice deviendra l'oncle maternel d'André. Il possèdera l'entreprise de pompes funèbres située à Paris, 52, boulevard Edgar-Quinet, face au cimetière Montparnasse. Cette entreprise, fondée en 1823, probablement par son grand-père aussi appelé Maurice, porte encore aujourd'hui son nom : *Maison Maurice Beer.* Maurice décèdera à 44 ans en 1909.

De l'enfance à l'âge adulte

Mon père, André, naît le 17 juin 1898, un an après le mariage de ses parents. Il est circoncis selon la tradition juive. A sa naissance, ses parents habitent Paris, successivement rue d'Allemagne et rue Lafayette.

André et ses parents Judith et Jules, vers 1903 (fonds familial).

André orphelin

Judith, la mère d'André, décède à 32 ans, le 13 octobre 1906. Elle serait morte en couches d'une crise d'albuminurie (vraisemblablement une toxémie). Elle est inhumée au cimetière Montmartre dans la sépulture *Beer*. André, son fils unique, est alors âgé de 8 ans. Il est élevé par ses tantes Salomon, Berthe, Élise, Mathilde et Marthe restées célibataires. Jules, le père d'André, a abandonné le métier de marchand de bestiaux pour devenir représentant d'usine. Il se suicide le 15 octobre 1912 à l'âge de 44 ans, six années après la disparition de son épouse, n'ayant jamais surmonté son chagrin. Il est inhumé au cimetière Montparnasse dans la sépulture *Raben Salomon*.

André, orphelin, réside alors chez Louis, son oncle paternel devenu son tuteur, au 15, rue de Douai dans le IXe arrondissement avec ses quatre tantes, totalement disponibles car Louis, le chef de famille, n'a pas voulu qu'elles exercent une profession. André est élevé selon les traditions juives et fait probablement sa Bar Mitzvah[1] dans les années 1910 car ses tantes pratiquaient leur religion.

Les tantes Élise, Marthe, Mathilde et Berthe prennent le café à Beauchamp (fonds familial).

André écrira plus tard en parlant de ses tantes qu'il appelle *les Déesses* : « Toutes les Déesses sont attelées à mes cols, chaussettes, chemises et caleçons, chacune ayant sa spécialité, dont la voisine ne doit pas, sous peine de brouille, s'occuper le moins du monde, sauf en cas de maladie grave de la titulaire du poste. »

Les cousins Vorms

Une deuxième union maritale entre Salomon et Vorms a eu lieu à Paris en 1893. La tante Delphine s'est mariée avec David Vorms, veuf avec six enfants, dont elle aura un fils en 1895, Pierre. Delphine élève aussi les six premiers enfants de son époux dont l'aînée Lucie est sourde-muette, mais elle s'occupe sans doute surtout des deux

[1] Rite juif initiatique dont le rôle social est l'équivalent de la première communion chez les chrétiens.

plus jeunes, Robert et Gérard, âgés respectivement de 10 et de 2 ans au remariage de leur père. Les quatre autres enfants, Lucie, Henri, Alice et Paul sont déjà presque adultes.

André, son cousin Pierre Vorms et ses tantes Berthe et Mathilde en vacances à Beauchamp, 1911 (fonds familial).

André, dans sa jeunesse, fréquente beaucoup la famille de Delphine et en particulier ses plus jeunes cousins, Robert, Gérard et Pierre qu'il considère comme ses frères aînés et dont il restera toujours très proche. Les familles Salomon et Vorms se retrouvent souvent en vacances à Beauchamp dans le val d'Oise comme en témoignent de nombreuses photos de famille.

Plus tard, Robert aura un fils, Antoine, qui est l'auteur de notre généalogie. Gérard aura trois fils, Philippe, Jean et François, mes cousins dont je parle plus loin. Pierre aura une fille, ma cousine Catherine Lospied.

Les cousins Beer

Maurice Beer, l'oncle d'André, est le père de quatre enfants dont deux filles, Germaine et Odette, qu'André voit régulièrement. Germaine épousera Ludovic Lévi dont elle aura deux fils, Raymond et Jacques. Odette épousera

Georges Lattès, banquier à Paris, dont elle aura une fille, Jeanne, dite *Nouchette*. Germaine décèdera en 1924 ; ses fils, Raymond et Jacques, encore très jeunes, seront élevés par leurs tantes, maternelle (Odette Lattès) et paternelle (Bella Lévi). Mon père a toujours eu beaucoup d'affection pour ses petits cousins bien qu'étant d'une quinzaine d'années leur aîné. Il passera souvent avec eux ses vacances en Bretagne, à Douélan.

André élève

André poursuit toute sa scolarité au collège Rollin, avenue de Trudaine (actuellement lycée Jacques-Decour). En classe, il a comme camarade et ami intime Serge Roche, né la même année que lui, fils du célèbre antiquaire et aquarelliste Odilon Roche[2] et frère cadet de Camille, le futur peintre. En 1915, leur professeur de philosophie est l'écrivain Jules Romain. Les deux amis obtiennent en 1916 leurs deux baccalauréats, mathématiques et philosophie, et projettent de devenir ingénieurs. Elève brillant en classe de mathématiques spéciales, André interrompt brutalement ses études au mois de décembre 1916 pour s'engager dans l'armée. Son ami Serge sera mobilisé quelques mois plus tard.

André vers 1915 (fonds familial).

[2] La vie de Serge a été racontée récemment par Patrick Mauriès, *Serge Roche* (2006).

II. André dans La Grande Guerre

L'historien Philippe Landau indique dans le début de son livre, *Les Juifs de France et la Grande Guerre*[3], que la Grande Guerre est « la confirmation de la symbiose entre le judaïsme et la République ». Il souligne le patriotisme républicain de la société juive française au début de la guerre de 1914. Il cite Arnold Mandel : « Les marchands de bestiaux se réveillaient avec des âmes de croisés. Oubliées, l'Affaire[4] et la Ligue des patriotes judéophages. La ligue des patriotes c'était eux. » La communauté juive souhaite le retour à la France de l'Alsace et de la Lorraine et soutient le gouvernement contre la « barbarie allemande ». Le comportement dans la Grande Guerre d'André et de ses proches donne un bon exemple du patriotisme de ces familles juives.

Engagé volontaire

À la déclaration de guerre, le tuteur d'André, l'oncle Louis, est mobilisé ainsi que les cousins Vorms. Dès novembre 1915, Pierre est décoré de la croix de guerre. Le 1er décembre 1916, à 40 ans, Henri, sergent-major, l'aîné des cousins Vorms, est « mort pour la France, tué à l'ennemi » à la bataille de Combles dans la Somme. Trois jours plus tard, André, âgé seulement de 18 ans, décide lui aussi de participer aux combats et devance de six mois l'appel de sa classe, brutalement en plein trimestre. Le rapprochement des deux dates me paraît intéressant : il n'est pas impossible que l'annonce de la mort de son cousin, qui avait l'âge d'être son père, ait pu être un facteur déclenchant de sa décision.

---

[3] Landau, 1999.

[4] L'*Affaire* Dreyfus avait révélé l'antisémitisme d'une partie de la société française qui reprochait aux Dreyfusards de ne pas être « patriotes ».

André aspirant au 232° régiment d'artillerie, août 1917 (fonds familial).

Le livret militaire d'André, classe 1917, indique : « Engagé pour la durée de la guerre le 4 décembre 1916 à Paris 9e arrondissement, numéro de la liste matricule 533 ». André est affecté au 26e régiment d'artillerie à Chartres. Il y subit l'instruction relative à la protection contre les gaz. J'ai trouvé son certificat de fin d'instruction du 16 février 1917 mentionnant sa réussite à l'exercice pratique de passage en chambre chlorée. Il est élève aspirant à Fontainebleau d'avril à juillet 1917, versé aspirant au 232e régiment d'artillerie, dépôt Fontainebleau. Il arrive au front en août 1917.

Artilleur à Verdun

Le régiment d'André, stationné près de Reims, est engagé dans la bataille du plateau de Craonne. André prend part aux combats de Verdun jusqu'au 30 novembre 1917, date à laquelle il sera blessé.

J'ai retrouvé dans nos archives trois cartes-lettres qu'André avait écrites du front quelques jours avant sa blessure ; elles sont adressées à un camarade, Henri Hubert. Ce dernier, Serge Roche et d'autres élèves de sa promotion ont été mobilisés quelques mois après l'engagement d'André. Ils sont encore élèves aspirants à Fontainebleau alors qu'André est sur le front depuis trois mois lorsqu'il leur écrit. Dans ces lettres, mon père décrit le spectacle de la guerre et exprime le profond ennui que lui inspirent la routine des tirs et la vie dans les tranchées. Son humour de potache cache une certaine angoisse devant la mort et traduit sans doute un effort de détachement devant l'horreur de la guerre. Ces lettres me paraissent avoir un certain intérêt historique. J'en cite quelques extraits ci-dessous qui témoignent de l'ambiance du front à cette époque.

Lettre du 10 novembre 1917

Elle est adressée à son ami Henri Hubert, à l'école des aspirants officiers de Fontainebleau ; le cachet de la poste indique le 12 novembre. André vient de rentrer de permission à Paris. Son régiment a quitté le front de Reims pour participer à la bataille de Verdun, sur une position près du fort de Douaumont[5]. Il semble avoir bon moral et s'amuse à écrire le début de sa lettre en anglais ; il reprend le français pour décrire le nouveau front :

> Je puis en ce moment contempler un secteur du front qui présente avec celui de Reims le contraste le plus violent. Reims, des civils, des batteries dans

[5] Les Allemands s'étaient emparés de ce fort en février 1916, il fut repris en décembre après des combats acharnés : il y eut 300 000 morts et disparus et 400 000 blessés français et allemands pendant la bataille de Verdun.

les maisons, de la verdure, du champagne ; maintenant le bled dont le sol est formé de trous d'obus formant des ondes de re-creusement et se comblant tour à tour. La région est un chaos. Il est impossible dans la région de trouver un seul endroit n'ayant rien reçu. Une écumoire, une râpe te donneraient une idée bien faible de ce qu'est devenu le sol, car ici les trous se recoupent et dans un grand entonnoir il s'en forme d'autres. Je sais donc maintenant comment une région boisée que je connaissais du temps de paix peut devenir un vaste désert bosselé de côtes et d'emplacement d'anciens forts, parsemé de vestiges de bois, de troncs déchiquetés rabougris noircis par la poudre et absolument dépourvu de végétation. Le soir des éclairs partent de tous les côtés et au moment de barrage[6] c'est un boucan assourdissant, si bien qu'il est presque impossible alors d'entendre l'arrivée des obus Boches qui nous sont distribués avec une prodigalité réellement digne de gens qui ont le droit de dépenser largement, or nul n'ignore que depuis plus de trois ans les boches n'ont plus rien à bouffer, que leurs obus n'éclatent pas, etc., etc.- En tout cas je puis te certifier que les communiqués ne nous bourrent pas le crâne et tu peux être sûr que le fort de Douaumont nous appartient bien puisque nous en sommes à 2 km au Nord. Écris-moi longuement et ne va pas raconter à ma famille où je suis [...].

Lettre du 17 novembre 1917

Cinq pages dont deux feuillets recto-verso glissés dans une carte-lettre adressée à Henri Hubert chez sa logeuse à Avon, postée le 22 novembre. André répond à son ami ; il est déçu que son groupe ne se soit pas dirigé vers l'Italie :

> [...] Je t'avoue que ce fut une désillusion d'obliquer vers le NE au lieu de se diriger vers la Piave[7], lors de notre départ du repos (le lendemain de mon retour de perm). Je ne sais si le front italien

[6] Tir d'artillerie défensif violent.

[7] La Piave est un fleuve de la Vénétie. En novembre 1917 les armées austro-allemandes tentaient de passer ce fleuve pour atteindre Venise.

est très franc, mais il ne peut guère l'être moins que le nôtre. En plus de bons petits bombardements bien tassés ex. avant-hier, où de midi à 5 heures, ils nous ont balancé environ mille 150[8] dont 3 sur la cagna[9] des officiers où je suis ordinairement et deux sur la mienne, mon refuge de nuit [...].

Après avoir comparé la technique de l'artillerie enseignée à l'école et la pratique du front, André ironise sur les difficultés rencontrées pour « faire ses besoins » :

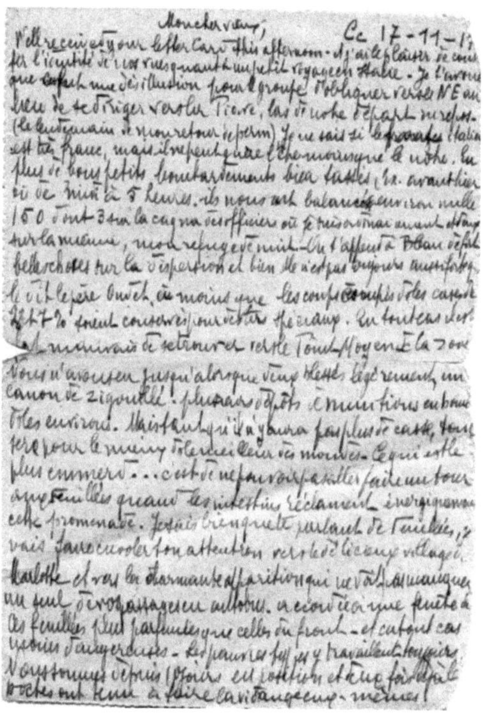
Mon cher vieux,
Le 17-11-17

Extrait de la carte-lettre du 17 novembre (fonds familial).

[8] Percutants 150 : type d'obus qui éclatent lors du contact avec le sol.
[9] En argot : abri militaire.

> Nous n'avons jusqu'alors que 2 blessés légèrement, un canon de zigouillé, plusieurs dépôts de munitions en bombes dans les environs, mais tant qu'il n'y aura pas plus de casse tout sera pour le mieux dans le meilleur des mondes. Ce qui est plus emmerd... c'est de ne pouvoir pas aller faire un tour aux feuillées[10] quand les intestins réclament énergiquement cette promenade [...]. Nous sommes en position depuis 10 jours et deux fois déjà les Boches ont tenu à faire la vidange eux-mêmes. Ces gens sont fort aimables, il est vrai qu'en faisant cela ils obtiennent économiquement les mêmes résultats qu'en nous envoyant des obus à gaz. Odeurs variées d'hannetons écrasés, de moutarde, etc., etc.

Il évoque ensuite les quelques jours de prison effectués par un camarade commun pour être parti de Fontainebleau à Paris sans autorisation :

> Pauvre vieux quelle poisse il a eue ! Dire que je suis venu à Panam au moins 10 fois sans papelard réglementaire et lui vient une fois et se fait chiper [...]

Puis l'ennui :

> Bon dieu que le temps passe lentement quand on n'a rien à faire : il n'est encore que 4 h 30 et en attendant 6 heures je ne pourrai pas même me balader, car ces animaux-là nous envoient des fusants[11] et il est bête de se faire moucher sans aucun motif. En général nous ne tirons pas de la journée, car nous ne faisons pas de harcèlement mais le barrage ou la C.P.O[12] or les attaques n'ont lieu en général qu'à la pointe du jour ou à la tombée de la nuit. Conclusion, dans la journée on se contente d'encaisser [...].

Et une prise de distance avec la routine des événements :

> Le panache de la guerre est très beau. Le poilu en perm a en général bon moral, il a des journées fort

---

[10] Latrines de campagne.

[11] Bombes composées d'explosif et de billes de plomb ou d'acier.

[12] Contre-Préparation Offensive.

> occupées et il se retrempe dans son milieu. Là il oublie facilement tous les moments mornes qu'il a passés au front. D'autant plus facilement que la vie est si vide dans ce désert qu'à moins d'événements sensationnels tels que des attaques rien ne se fixe nettement de la vie morale. Tu as évidemment de quoi raconter aux civils de quoi les épater : description de cagna, nature morte, trous d'obus, canons démolis, mais ici c'est devenu au bout de deux jours la vie habituelle, le cadre monotone de la plus bête des occupations. Cela me représente absolument l'état du gratte-papier qui ne voit que son bureau et ses chiffres devant lui, qui a pris des habitudes et qui refait machinalement ce qu'il a fait la veille sans y penser. Car si on y pense ici on est fichu.

André trouve que sa fonction d'artilleur devient trop machinale :

> Au moins à Reims on pouvait faire de l'artillerie, régler des tirs. Étant à l'observatoire je cherchais à voir ce qui se passait chez les Boches, à dénicher leurs batteries (il est vrai que ce sport devient barbant quand on s'y livre depuis trois ans mais je n'avais pas encore eu le temps de m'en lasser). Ici c'est bien simple il n'y a point d'observatoire, les lignes Boches sont sur une contre-pente et de nulle part on ne les voit : du reste il n'y a pas de lignes, mais des trous d'obus organisés. On voit bien au loin les Jumelles d'Orne, mais tout semble aussi mort qu'ici. J'irai un de ces jours faire un tour au célèbre Douaumont, je doute fort que le spectacle soit différent de celui de notre position, après avoir contemplé pendant deux jours des trous d'obus, le lendemain de nouveaux trous ne différant des précédents que par la couleur de la terre remuée, tu te lasses de ce spectacle. Commander les tirs est aussi barbant puisqu'ici jamais de nouveaux objectifs ne se présentent. C'est toujours barrage et C.P.O. Seules les corrections au moment de donner et chaque jour le mal de considérer les abaques : au début c'est nouveau, à la fin c'est une routine [...].

Pour finir il évoque sa correspondance non suivie avec ses « marraines » parisiennes qui ne lui écrivent pas assez souvent bien qu'il leur rende visite pendant ses permissions...

Autre lettre non datée

Il s'agit d'une feuille isolée probablement écrite le 24 novembre 1917 d'après le texte. André y évoque le danger avec insouciance :

> [...] À part cela mon vieux je n'ai jamais eu l'idée que je pourrais être touché. Pourquoi, je n'en sais rien, mais tout à l'heure je relisais ta lettre dehors à l'entrée de la cagna, tête nue, j'arrive au passage où tu penses que je vais te conseiller de profiter de tes derniers jours de vie certaine. Tu me fais alors penser qu'en effet je pourrais fort bien me faire moucher par leurs bons petits 105 fusants explosifs qui faisaient black au-dessus de mon crâne. (Je crois que leurs 105 fusants font black pcq [sic] ils laissent en l'air d'épais flocons noirs, pourtant nos 75 fusants ne font pas *white,* quelle logique !). Du reste c'est bien simple depuis un certain bombardement qui nous a coûté un canon et plusieurs dépôts de munitions et qq [sic] rondins du dessus des cagnas, notre batterie et la route qui passe devant nous sont devenues un lieu de harcèlement. Avant-hier un simple coup en vache fait sauter 3 caisses de fusées ; cela devient barbe. Plus d'heure pour aller visiter les feuillées, c'est désolant.

André constate que la suprématie aérienne française proclamée n'existe pas dans son secteur :

> Mais cela n'a pas la moindre importance : nous avons la suprématie aérienne. On l'a si souvent proclamé que les aviateurs admettent sûrement que les Boches, ayant la frousse, ne quitteront pas leur camp et eux restent je ne sais où. Ils vont peut-être qq [sic] part, en tout cas, je peux t'assurer que ce n'est pas au-dessus de nous, à part de temps en temps un avion d'infanterie ou deux ou trois régleurs qui viennent se risquer par ici, nous ne les voyons pas. Par contre les Boches nous font de fréquentes visites. On peut être certain de les voir ar-

> river dès que la brume se dissipe et que le vent ne souffle pas en tempête. Ils s'amusent à faire les chevaux de bois au-dessus de nos batteries à environ 200 mètres ; ils nous montrent bien leurs croix de fer pour qu'on ne les prenne pas pour les nôtres et sont fort rarement bombardés par notre DCA malgré leur faible altitude. Un quart d'heure après, les pelots[13] radinent. Remarque je ne veux pas pour cela médire de nos braves hommes ou peut-être sont-ils réservés pour secteurs d'attaque. Pourtant je veux avouer qu'à Reims ils étaient plus nombreux qu'ici. [...].

Il tente de conjurer le danger des « pilonnements » d'artillerie par des considérations esthétiques :

> Mais mon cher, je veux te laisser venir au front avec toutes tes illusions. C'est encore l'endroit le plus mondain en temps de guerre. Là seulement, les feux d'artifice sont permis, aussi il faut voir si on profite de cette tolérance qui s'arrange pour qu'un obus vienne dégringoler sur un tas de torpilles et alors tout le ciel est embrasé. On ne faisait pas mieux le 14 juillet à Paris ou le 15 août à Beauchamp[14]. C'est te dire si nos petites fêtes sont réussies. [...].

Après la signature, quelques lignes sont ajoutées, marquant un retour à la réalité :

> Il vient d'y avoir une canonnade intense des tranchées à notre gauche, toutes les batteries du secteur ont fait barrage. Beau petit concert en vérité. Nous sommes le 24, 20 heures. Tu pourras voir le communiqué si cela t'intéresse : j'ignore si les Boches nous ont atteints, mais j'en doute, nous ne serions plus là !

Blessures

Le 30 novembre 1917 à 15 h 50, moins d'une semaine après la précédente lettre, André est blessé. J'ai retrouvé une copie de son certificat d'origine de blessures : trois

[13] Obus.

[14] Dans le Val d'Oise, où les Salomon passaient l'été en famille.

témoins, Chambefort, Molerez et Raynaud y écrivent le 1er décembre :

> Dans l'après-midi du trente novembre 1917 l'aspirant Salomon vérifiait l'approvisionnement des pièces de la batterie en obus spéciaux. Un obus 105 a percuté à proximité de lui et les éclats l'ont atteint au côté gauche et au bras droit.

Le médecin Aide-Major Bernard certifie :

> [...] que l'aspirant Salomon le 30 novembre 1917 a été blessé par éclat d'obus : plaie perforante de la face antérieure du bras droit et plaie de la face postérieure du thorax.

I64e D.I.
Etat-Major
Ie Bureau
No I7.276

ORDRE DE LA DIVISION No I23

Le Général GAUCHER Commandant la I64e Division
Cite à l'Ordre de la Division :

SALOMON André ; No Mle II723 , Aspirant
23e Batterie du 232e R.A.C.

" Jeune sous-Officier modeste et courageux.
" Auxiliaire trés précieux du Commandement
" sur une position de Batterie constamment
" soumise à des tirs de harcèlement trés vio-
" lents.Sérieusement blessé le 30 Novembre
" I9I7 par une rafale de gros calibre en
" vérifiant l'approvisionnement des pièces,a
" donné le meilleur exemple du mépris de la
" souffrance et de belle crânerie.(Bras droit
" traversé par un éclat d'obus assez important
"et reins atteints par un autre éclat."

Le Général GAUCHER Cdt la I64e D.I.
Signé : G A U C H E R .

Pour Copie Conforme

Le I2 Déce[illegible]
Le Lt-Colonel [illegible] Rgt.

Citation d'André à l'ordre de la division 12 décembre 1917 (fonds familial).

À la suite de ses blessures, le 12 décembre 1917, André est cité à l'Ordre de la Division par le général Gaucher, notamment pour son courage sous les tirs de harcèlement très violents de l'ennemi et sa conduite exemplaire devant la souffrance.

Réengagement

Dans l'artillerie anti-aérienne

André est nommé sous-lieutenant et proposé pour réforme temporaire en avril 1918. Il demande alors, après 6 mois d'hôpital et de convalescence, à être reversé au service armé. Il est réengagé en service actif le 17 juillet 1918. Les combats aériens s'étant intensifiés, il est affecté au 66e régiment d'Artillerie Anti-Aérienne (AAA). Il passe d'abord à l'école d'Avon, puis il rejoint le 8e groupe d'auto-canon du 66e AAA à Machault (Ardennes), courant septembre. Ce régiment, équipé de matériel mobile de 75 mm, participe à l'offensive alliée dans les Ardennes. À l'armistice, le 11 novembre 1918, André se trouve à Flize entre Charleville-Mézières et Sedan.

Le réengagement d'André blessé, à un moment où d'autres soldats se blessaient volontairement pour échapper à l'horreur des combats, montre la force de ses sentiments patriotiques.

L'occupation en Allemagne

André participe à l'occupation en Allemagne jusqu'en juin 1919. Il est commandant d'armes à Bacharach, petit village sur le Rhin, au sud de Coblence. Il est logé chez un particulier dont le fils, blessé à Verdun, est à l'hôpital. Le blessé rentre chez lui avec un bras en moins. En discutant avec cet Allemand, André réalise que c'est lui-même qui l'a blessé par un de ses tirs. Il en reste très affecté. Plus tard, il nous a souvent raconté cette histoire pour expliquer pourquoi il interdisait que l'on nous offrît des jouets de guerre. Il était devenu pacifiste. Je pense que c'est aussi pour cela qu'il ne nous a jamais expliqué les raisons de son engagement volontaire en 1916.

À la fin de la guerre, la commission de réforme du 17 juillet 1919 attribue au sous-lieutenant André Salomon une invalidité de 50 % et déclare qu'il est inapte à faire campagne. Sa main droite reste définitivement paralysée avec ses doigts fléchis. Son écriture saccadée devient difficile à déchiffrer. Il sera inscrit à la Dette pour une pension définitive de 1 050 francs par an avec jouissance du 17 juillet 1923.

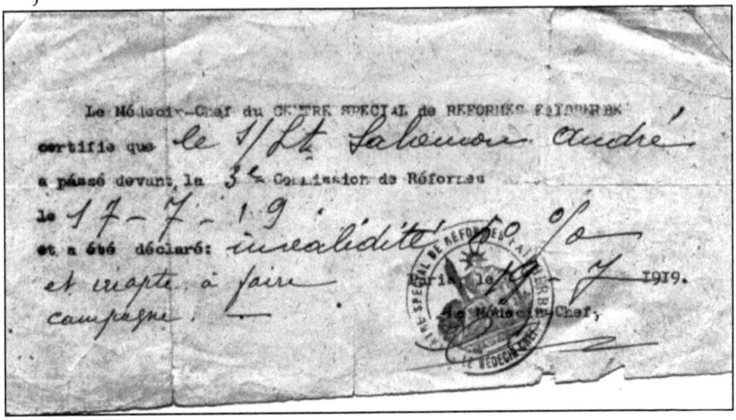
Le Médecin-Chef du CENTRE SPECIAL de REFORMES
certifie que le S/Lt Salomon André
a passé devant la 3e Commission de Réforme
le 17-7-19
et a été déclaré: invalidité 50 %
et inapte à faire campagne.
Paris, le 19-7-1919.
Le Médecin-Chef,

Certificat d'invalidité à 50 % d'André, juillet 1919 (fonds familial).

Les cousins et amis dans la guerre

Les cousins Vorms sont aussi durement touchés par la guerre : comme précité, l'aîné des garçons, Henri, a été tué en 1916 à Combles près de Péronne dans la Somme ; le second, Paul, est fait prisonnier au Chemin des Dames. Gérard et Pierre sont tous deux décorés de la Croix de guerre avec de nombreuses citations. Sous-officier de hussards en 1914, Gérard est sous-lieutenant en 1919, il sera plus tard promu capitaine de réserve et chevalier de la Légion d'Honneur.

L'ami d'André, Serge Roche, blessé et gazé en 1918, est aussi décoré de la Croix de Guerre. Henri Hubert, ami commun de Serge et d'André, destinataire des lettres, a survécu à la guerre. Il a poursuivi ses études à l'école Centrale mais meurt des suites d'une opération en 1921. André a probablement récupéré ses lettres après sa mort.

III. L'entre-deux-guerres à Nantes

À son retour d'occupation en Allemagne, en juillet 1919, mon père a 21 ans. Il ne reprend pas ses études d'ingénieur, sans doute à cause de la paralysie de sa main droite. Il travaille comme marchand de biens sous la direction de son oncle et tuteur Louis. Celui-ci avait créé une affaire d'achat et de vente de biens immobiliers en association avec des membres de la famille Vorms, notamment Gérard et Robert. Le siège de l'affaire est à Paris, 21, boulevard Haussmann. André y est responsable de la région de Nantes et Gérard de celle de Rennes. Par la suite les Vorms ont quitté le bureau parisien du boulevard Haussmann pour s'établir rue Rossini. J'ai trouvé une carte de visite professionnelle au nom de Salomon-Vorms, où le nom *Vorms* est barré. Louis conserve la direction de l'affaire Salomon. André et Gérard restent associés en province dans leurs régions respectives de Nantes et de Rennes. André habite en partie au *Central Hôtel* à Nantes et en partie à Paris au 15, rue de Douai chez ses tantes. Gérard, lui, réside à Rennes et à Dinard où il possède une villa, *Les Récifs*.

Le mariage d'André

Pendant l'année 1926, André voyage beaucoup entre Nantes et Paris. Il rencontre dans le train une jeune femme âgée de 30 ans, Clotilde Jorcano, dite Dita (de *Clotildita*), ma future mère, dont il tombe amoureux.

Dita

Dita est de nationalité espagnole. Elle est née en 1896, en Espagne près de Valence, d'une mère française vendéenne et d'un père espagnol aragonais. Sa mère, Clotilde Bichet, corsetière, a épousé le colonel carliste Santiago Jorcano, réfugié politique à Nantes dans les années 1880. Santiago meurt en Espagne lorsque sa fille Dita a 8 ans.

Mère et fille partent vivre plusieurs années au Brésil, puis reviennent s'établir à Nantes en 1911, en reprenant une boutique de robes et manteaux, 15, rue d'Alger. Dita obtient son brevet élémentaire et son brevet supérieur à Paris en juillet 1914 puis, tout en donnant des cours d'espagnol, prépare son baccalauréat dont elle obtient les deux parties à Rennes en 1916 et 1917, fait peu courant pour une femme à l'époque.

Ma mère nous a raconté comment à la fin de sa scolarité en France elle perd la foi : le curé nantais qui lui donne des cours particuliers de latin essaye de la séduire et l'agresse violemment. Elle en est traumatisée, révoltée et devient immédiatement non-croyante…

Après 1917, Dita abandonne ses études car elle doit travailler avec sa mère qui quitte la rue d'Alger pour un magasin de lingerie, *L'Étoile d'Or*, 24, rue du Calvaire. *L'Étoile d'Or* devient vite filiale de *Corset Perséphone* (« le corset qui rend plus sveltes les plus sveltes parisiennes » !). Mère et fille ouvrent aussi un autre commerce de lingerie, 1, rue Guépin, puis, plus tard, rue Boileau. Dita installe une boutique de disques dans une annexe du magasin de la rue du Calvaire dont elle s'occupe personnellement avec une de ses amies, Lucienne Codet.

Dans les années 20, les horreurs de la Grande Guerre avaient suscité le développement de cercles d'intellectuels antimilitaristes, socialistes ou anarchistes. Des écrivains comme Georges Duhamel, Anatole France, Romain Rolland, Michel Corday s'exprimaient dans des journaux tels *L'Humanité* ou la revue *Clarté* d'Henri Barbusse. À cette époque Dita a une autre amie intime, Germaine Decaris[15] dont les parents habitent Nantes. Germaine est une journaliste militante communiste et féministe qui introduit Dita dans ces mouvements d'avant-garde. J'ai retrouvé dans ses papiers quelques billets d'auteurs[16] concernant des articles promis à l'*Humanité* et à *Clarté*. La boutique de disques sert-elle de lieu de réunion ou de boite aux lettres

---

[15] Germaine était la sœur d'Albert Decaris qui deviendra un graveur de timbres célèbre.

[16] Henri Barbusse, Georges Pioche, Georges Duhamel, Michel Corday, Léon Bazalgette.

à des militants de gauche ? Dans cette période, la mère de Dita acquiert aussi un magasin à Nice (*L'Étoile d'Or*, 17, avenue de la Victoire) où elle passe tous ses hivers, laissant pleine liberté à sa fille pour ses activités à Nantes. Après 1925, le mouvement Clarté bat de l'aile. Dita semble aussi avoir laissé de côté ses idées révolutionnaires. Elle s'occupe davantage des magasins car sa mère vieillit.

La rencontre

Dita voyage fréquemment sur la ligne Nantes-Paris-Nice, où André l'a rencontrée. Ils échangent une correspondance suivie, deviennent intimes et deux ans plus tard, André désire l'épouser. Dita, qui apprécie sa liberté de célibataire, ne le souhaite pas vraiment. J'ai retrouvé plusieurs lettres écrites par André dans les années 1928-1929 qui témoignent des hésitations de Dita. Il se plaint de ne pas recevoir de réponse à ses lettres, il insiste et menace de la quitter si elle ne se décide pas... Finalement elle se décide, comme en témoigne une autre lettre où André évoque la préparation de leur contrat de mariage en séparation de biens et la confection de son costume de marié. Leurs deux familles de confessions différentes vont essayer, par contre, de s'opposer au mariage par conservatisme religieux.

Un mariage à problèmes

La famille aragonaise de Dita est viscéralement catholique. Son père a été zouave pontifical et sa famille proche comprend plusieurs membres du clergé espagnol. Sa mère, Clotilde, est également croyante et suit régulièrement les offices. Je me souviens qu'enfant, ma grand-mère m'emmenait à l'église, aux Vêpres, en cachette de mes parents...

Dita n'ose pas annoncer à sa mère son mariage prochain alors qu'André semble l'avoir déjà fait de son côté. Il écrit :

> [...] cela m'ennuyait de t'écrire chez toi et si je t'y écris ce sera officiel comme hier soir... car il faut

être logique ou tu veux que ta mère sache, ou qu'elle ne sache pas.

André rencontre aussi des difficultés dans sa famille de religion et tradition juives. L'oncle Louis et deux des tantes qui vivent avec lui, Berthe et Mathilde, sont opposés au mariage mixte. André étant athée, la famille ne peut utiliser d'argument religieux pour le dissuader d'épouser une femme d'origine catholique, elle-même athée. Ils font alors un drame formel en prétextant que ce mariage leur a été annoncé de façon brutale et non convenable. André écrit : « Les Déesses[17] en veulent à G. et R.[18] de n'avoir pas respecté l'ordre naturel des présentations : c'est très rigolo. » Dita avait probablement été présentée d'abord à Gérard et Robert Vorms avant l'annonce officielle aux Salomon… Il écrit aussi : « Quant au patron[19] il continue à être vexé : cela se passera. » Par contre les deux autres tantes[20], Delphine et Elise, soutiennent André :

André et Dita jeunes mariés à Beauvezer, juillet 1929 (fonds familial).

> Delphine continue de faire la morale aux autres, évidemment nous n'avons pas été très diplomates mais cela n'aurait rien changé […]. Elise, contre toute attente, continue à être très intelligente […] je

[17] André appelle ses tantes « les Déesses ».
[18] Gérard et Robert Vorms.
[19] L'oncle Louis.
[20] Marthe est décédée en 1926.

ne l'aurais jamais crue si fine. Il est vrai que tous les gros[21] sont ainsi !

Le projet de mariage sera finalement annoncé à Clotilde qui sombrera dans une profonde dépression nerveuse en l'apprenant. Elle quitte son domicile niçois pour se soigner dans une maison de repos à Beauvezer (Basses-Alpes). Dita se sentira toujours un peu responsable de la dépression de sa mère.

Le couple passe outre aux oppositions familiales et se marie civilement le 13 juillet 1929 à Beauvezer pour que la mère de Dita puisse assister à la cérémonie. Ils prennent comme témoins leurs amis d'enfance, Serge Roche et Lucienne Codet.

Du côté de Dita, en représailles au mariage, un de ses cousins germains espagnols, aumônier militaire, José Jamon Almazan, demande à la famille espagnole d'interrompre toute relation avec elle. Il n'est pas vraiment suivi par tous les membres de cette famille : un deuxième cousin, également aumônier militaire, Jose Valenzuela, dit *el tio*[22] *Pepe*, d'esprit plus large[23], restera toujours intime avec sa cousine française, comme nous le verrons plus loin. Quant à ma future grand-mère Clotilde, elle finit par accepter le mariage mais avait coutume de dire : « Je ne reproche rien à mon gendre, mais je reproche à ma fille d'avoir épousé un Juif » !

Du côté d'André, les tantes et l'oncle Salomon n'accepteront de recevoir Dita dans leur appartement parisien, rue de Douai, qu'un an après le mariage, quelques jours seulement avant la naissance de mon frère aîné Jacques.

---

[21] Contrairement au reste de la famille, Elise et André sont de forte corpulence.

[22] « L'oncle », en fait cousin germain de Dita, ainsi appelé à cause de son plus grand âge.

[23] Ce prêtre que j'ai connu après la guerre avait obtenu une dispense du pape l'autorisant à vivre maritalement à Madrid. Il avait une fille, qu'il m'a présentée.

Notre famille à Nantes

De retour à Nantes, André et Dita logent provisoirement au *Central Hôtel* mais l'adresse officielle de mon père est toujours celle de Paris, 15, rue de Douai. Mon frère et moi sommes nés à Nantes, respectivement le 16 juillet 1930 et le 3 mai 1933. À ma naissance, mes parents louent un grand et bel appartement au 6, place du Bouffay. André y installe aussi son bureau professionnel et sa collection d'argenterie et de livres anciens.

Affaires et relations Salomon-Vorms

La grande crise des années trente entraîne vers 1936 l'arrêt des affaires parisiennes Vorms et Salomon. Robert est licencié ; il sera recruté en 1939 au ministère de l'Intérieur comme agent contractuel. Gérard conserve son bureau de Rennes. André garde son bureau de Nantes et reprend la succession de Louis. Il s'engage à payer une rente à son oncle et à ses tantes Elise et Berthe[24], toujours célibataires et sans revenus.

André, Jacques et Dita, été 1932 (fonds familial).

Mon père travaille toujours en collaboration avec son cousin Gérard ; les deux familles sont très liées et nos vacances se passent le plus souvent dans la villa *Les Récifs* des Vorms à Dinard. Nous y retrouvons fréquemment les Bollack, beaux-parents de Gérard (dits *Apé* et *Amé*), Lucie, sœur de Gérard, impressionnante pour les enfants car elle est sourde-muette, notre grand-tante Delphine, belle-mère de Gérard et les Franck, amis communs. J'ai retrouvé quelques photos de cette heureuse période.

---

[24] Mathilde est décédée en 1930.

Michelle tenant la main paralysée de son père André, Dinard, 1934 (fonds familial).

Mes parents ont rédigé en 1935 un testament selon lequel, au cas où ils décèderaient, mon frère et moi devrions être élevés par Suzanne, la femme de Gérard. Mon frère se souvient que, plus tard, Gérard et André eurent un différend à propos de la vente d'un terrain. C'est probablement pour cela qu'après 1937 nous ne sommes plus retournés à Dinard. Suzanne et Dita sont néanmoins restées intimes et ont continué d'échanger courriers et photos de famille.

Jacques, André et Michelle
Dinard, 1936 (fonds familial).

La réussite

Dans son travail, mon père est très apprécié par ses clients, en majorité des fermiers vendéens. Il a un contact très facile avec eux et s'intéresse à leur vie. Il est toujours souriant, bon vivant, tout en étant professionnellement sérieux. Aussi, sa réussite en région nantaise est manifeste : dans les années 1935-1937, outre son affaire, il possède des appartements à Nantes (rue d'Orléans, rue de Guérande), un fonds de commerce loué à l'Entreprise Fradet rue du Couédic, ainsi que plusieurs terrains. Le fonds de commerce de Dita est lui aussi prospère ; les boutiques de lingerie sont réunies au 7, rue Crébillon, la grande rue commerçante de Nantes, dans un magasin qui s'appelle *Clotilde*. La boutique de disques est louée à l'amie Lucienne Codet. Le magasin de Nice est vendu, peu avant la mort de ma grand-mère Clotilde en 1937.

Mes parents ont beaucoup de relations à Nantes, aussi bien dans les milieux littéraires que commerçants, de toutes religions. Ils sont ainsi amis intimes avec Pierre Lelièvre, archiviste paléographe, directeur de la Bibliothèque et des Archives de Nantes, l'imprimeur Vanden Brugge, leur voisin du magasin de la rue du Calvaire, Jean Polac, représentant de commerce, Fernando et Manuela Sandinha, respectivement portugais et espagnole, amis d'enfance de Dita, qui possèdent une chemiserie de luxe rue Crébillon. Nos parents voyagent souvent avec leurs amis et nous emmènent même aux sports d'hiver dans les Alpes.

André et Dita avec Jacques et Michelle, 1937 (fonds familial).

Dans le courant des années 1936-1937, mes parents entreprennent la construction d'une villa de style espagnol, luxueuse pour l'époque, à Champtoceaux en bord de Loire, village où ma grand-mère Clotilde séjournait fréquemment chez des religieuses. Cette maison, déclarée au nom de ma mère, est terminée en automne 1938, nous n'en profiterons pas longtemps.

Les émigrants juifs de l'Est

À la fin des années 30, Dita participe à l'accueil de réfugiés juifs à la gare de Nantes, gare par laquelle ils transitaient vers le port de St Nazaire avant leur départ pour l'Amérique. L'arrivée en Amérique n'était d'ailleurs pas assurée comme le montre l'histoire du paquebot *Flandre,* parti en avril 1939 et revenu à St Nazaire en juin suivant, n'ayant pas trouvé de port d'accueil pour débarquer ses passagers, des émigrés juifs allemands[25].

Mes parents sont profondément émus par les persécutions des Juifs en Allemagne et en Europe de l'Est. Ma mère m'a raconté que mon père estimait que de telles persécutions étaient inimaginables en France. Ce sentiment était partagé par beaucoup de Juifs nantais (Lambert et Toczé, 1994). Ma mère, par contre, avait entendu les terribles témoignages des émigrants juifs en transit. Nantaise depuis des années, elle connaissait bien l'antisémitisme latent de certains milieux catholiques, chouans et bretons[26]. Elle avait déjà une vision prémonitoire des persécutions antisémites qui allaient s'abattre en France sur tous les Juifs, français ou étrangers. Son réalisme provenait probablement aussi de sa culture politique de jeunesse[27].

---

[25] Lambert et Toczé, 1994, p.19-25.

[26] L'antisémitisme des milieux conservateurs et nationalistes bretons est bien décrit par Claude Toczé (2006, p.109).

[27] Dès 1933 des écrivains pacifistes de 1914 étaient devenus des acteurs engagés de l'antinazisme comme le montre l'article récent du Patriote Résistant (No 872- février 2013) à propos du *Journal de Vézelay* de Romain Rolland.

IV. La guerre, de 1939 à 1943

Dès 1939, avant le début des persécutions antisémites en France, ma mère va mettre tout en œuvre pour protéger son mari et ses enfants et sauvegarder les biens de la famille. Au contraire, mon père va garder après la défaite de 1940 sa confiance au maréchal Pétain, fidélité qui date de la Grande Guerre. Il faudra attendre 1942 pour que, personnellement atteint par la législation de Vichy, il comprenne la trahison du Maréchal et entre en 1943 dans la Résistance.

La guerre se déclare

Après les accords de Munich (30 septembre 1938), la paix semble être préservée, mais bientôt, suite à la Nuit de Cristal (9 novembre 1938) et à l'invasion de la Bohème et de la Moravie par les Allemands (mars 1939), l'inquiétude reprend en France.

L'été 1939

Sous l'instance de ma mère, mon père renouvelle ses papiers personnels, sa carte d'invalidité et celle d'identité. Cette année-là, nous passons l'été dans notre maison de Champtoceaux. Mes parents y accueillent des enfants d'amis parisiens et nantais qui craignent que la guerre ne se déclenche rapidement et ne s'étende aux grandes villes : Gilles et Daniel Polac, cousins de Michel Polac, plus tard auteur et chroniqueur littéraire ; Alain Franck et son frère Antoine, que nous voyons encore régulièrement mon frère et moi ; mon cousin Antoine Vorms qui se souvient d'avoir appris, chez nous à Champtoceaux, la déclaration de guerre.

La « drôle de guerre »

La déclaration de guerre des Alliés, décrétée le 3 septembre 1939, est suivie par la mobilisation générale en France. Mon père, réformé de la guerre de 1914 et invalide à 50 %, n'est pas mobilisé ; son cousin Gérard, par contre, est appelé sous les drapeaux comme capitaine au Dépôt de Cavalerie 24, à Dinan. Pendant la « drôle de guerre », en hiver 1939-1940, mes parents continuent de résider et de travailler à Nantes. Ils me laissent (j'ai alors 6 ans) à la maison de Champtoceaux à la garde d'Anna, notre employée de maison. Ma mère, inquiète, pense qu'André pourrait venir s'y cacher en cas de besoin. À l'école communale de Champtoceaux, comme fille de bourgeois, j'ai un statut différent des autres ; la maîtresse ne m'autorise pas à balayer la classe, j'en suis très vexée et proteste avec succès…

Mon cousin parisien Antoine Vorms, âgé de 9 ans, est retourné à la fin de l'été avec mes parents à Nantes et va au lycée avec Jacques. Il se rapproche ainsi de sa mère car l'école parisienne où elle enseigne la musique s'est repliée à La Baule. Il l'y rejoindra quelques mois plus tard.

L'exode, de Nantes à Perpignan

Au printemps 1940, d'avril à mai, les armées allemandes envahissent la Norvège, les Pays-Bas, la Belgique et la France. Voyant cette avancée foudroyante, ma mère décide André à organiser notre départ de Nantes. Ils vendent quelques uns de leurs biens. Ils confient leur comptabilité à Lucienne Codet, l'amie de ma mère, et la gestion du magasin de la rue Crébillon à leur ami imprimeur, M. Vanden Brugge. La direction de l'affaire d'André est confiée à son employé, monsieur G. Mes parents prêtent la maison de Champtoceaux à un membre de la famille Vanden Brugge, monsieur L. Ils organisent aussi l'installation des tantes Élise et Berthe dans leur appartement de Nantes avec leur employée Anna. Les déplacements en voiture devaient être alors règlementés car j'ai retrouvé dans nos archives une carte de circulation pour notre véhicule valable du 5 juin au 4 septembre 1940.

Numéro de la carte · 9115

Nom : SALOMON

Prénoms : André

Lieu de naissance : Paris

Département d Seine

Date de naissance 17.6.1898

Domicile : Place du Bouffay

Rue et numéro : Nantes

Département d Loire-inf^re

Profession : Agent d'affaires

(Signature du titulaire.)

A Salomon

Délivré par Le Capitaine PERSUY Commandant la Section de Gendarmerie de Nantes (1)

Mode de locomotion autorisé : Automobile

Périmètre : Seine, Seine et Oise, Calvados, Eure et Loir, Loiret, Manche, Orne

A Nantes, le 5 juin 40

L'Adjudant chef Commandant délégué

(Signature)

(1) Indiquer l'autorité.

Autorisation de circulation, juin 1940 (fonds familial).

Le départ de Nantes

Les 14 et 19 juin 1940, les troupes allemandes pénètrent successivement dans Paris puis dans Nantes. Deux jours avant leur arrivée à Nantes, le 17 juin, date anniversaire des 42 ans d'André, nous quittons tous les quatre Champtoceaux dans notre voiture surchargée, de marque Matford, en direction des Pyrénées. Le jour de notre départ, lors d'un arrêt pour déjeuner dans un restaurant près de La Rochelle, nous entendons à la radio le discours du maréchal Pétain qui annonce la demande d'armistice et « fait don de sa personne à la France ». Mon frère se souvient que les clients du restaurant étaient très émus et que certains pleuraient. Mon père, qui avait combattu à Verdun sous les ordres de Pétain en 1917, est très impressionné par ce discours et surtout par la tirade : « sûr de l'appui des anciens combattants que j'ai eu la fierté de commander » ; ma mère m'a raconté qu'il avait considéré cette phrase comme un message personnel de son ancien chef. Il oublie alors son pacifisme d'après la Grande Guerre et fait confiance au Maréchal pour sauver la France.

Nous continuons vers le sud. D'après le certificat de logement du 20 juin 1940, nous partageons à Castillonès (Lot-et-Garonne) un logement avec des amis nantais, la famille Trébucq. L'armistice, signé le 22 juin, stipule que la région où nous sommes et celle que nous désirons traverser font partie de la zone libre administrée par Pétain.

Aller ou non en Espagne ?

Ma mère souhaite se réfugier en Espagne où nous pourrions être reçus dans sa famille. Aussi, nous nous arrêtons quelque temps à Pau (Basses-Pyrénées). De nombreux Juifs passent alors clandestinement en Espagne de Pau à Canfranc, via le col du Somport. Possédant un passeport, mon père pourrait traverser la frontière en toute légalité et se rendre dans la famille espagnole de ma mère, en Aragon. Cependant, il hésite, ma mère ne parvient pas à le convaincre. Finalement, il ajourne sa décision et nous restons en France.

Mes parents décident alors d'aller vers Perpignan et obtiennent pour la période allant du 7 au 15 juillet 1940 un sauf-conduit provisoire à partir de Pau. En passant par Foix, ils rencontrent un ami, résident de la Principauté d'Andorre. Cet ami tente de convaincre mon père de se réfugier en Andorre, lieu sûr d'après lui ; mon père semble s'y résoudre car nous prenons la route d'Andorre. Arrivés en haut du col de Puymorens, nous nous arrêtons et commençons une « promenade » que je n'ai jamais oubliée. En marchant, une vive et longue discussion s'engage entre mes parents. Leur discussion m'impressionne beaucoup car ils s'expriment en anglais pour que ni Jacques ni moi ne puissions les comprendre, mais nous devinons bien qu'ils évoquent un éventuel passage à l'étranger qui déplait à notre père. Finalement, André décide encore de rester en France : il veut se mettre à la disposition du Maréchal qui, installé à Vichy depuis le 1er juillet, a pris les pleins pouvoirs. Nous ne passons donc pas la frontière d'Andorre, nous nous dirigeons vers Mont-Louis, dans les Pyrénées orientales.

Des Pyrénées à Perpignan

À Mont-Louis, nous nous installons jusqu'à la fin de l'été à *l'Hôtel de France* avec d'autres réfugiés, notamment les Pollac, sympathique famille belge avec laquelle nous faisons des balades en montagne. C'est grâce à eux que je garde un bon souvenir de cette époque. Mes parents, au contraire, devaient être très nerveux ; je suis encore étonnée du nombre de paquets de cigarettes que ma mère me demandait alors d'aller lui acheter ; j'en gardais quelques-unes pour moi (je n'avais que 7 ans !) que je fumais avec mes camarades sous les remparts...

Apparemment, ma mère espérait encore convaincre mon père de se réfugier en Espagne. J'ai retrouvé un courrier daté du 27 août, arrivé début septembre à l'hôtel de Mont-Louis, provenant de son cousin espagnol, le *tio Pepe*. Ce courrier contient deux lettres de recommandation pour l'obtention d'un laisser-passer officiel espagnol : l'une écrite par le *tio* lui-même, en tant que *Capelan mayor del Cuerpo eclesiastico del Ejercito*[28], l'autre par un ami industriel influent de Madrid, Manuel G. Herranz. Ces lettres certifient que ma mère et sa famille adhèrent totalement aux idéaux catholiques traditionnels et que le ménage Salomon est dévoué à la cause du *Glorioso Movimiento Nacional*[29] dirigé par le général Franco ! Le *tio Pepe* procure également à ma mère son extrait de naissance et son certificat de baptême en provenance d'Alboraya (province de Valence). Il est clair d'après sa lettre d'accompagnement que le *tio* avait aussi aidé des amis d'André dans leurs démêlés avec l'administration espagnole lors de leur passage pour s'embarquer à Cadix.

[28] Vicaire général des armées.

[29] Mouvement national créé en avril 1937 par l'état franquiste.

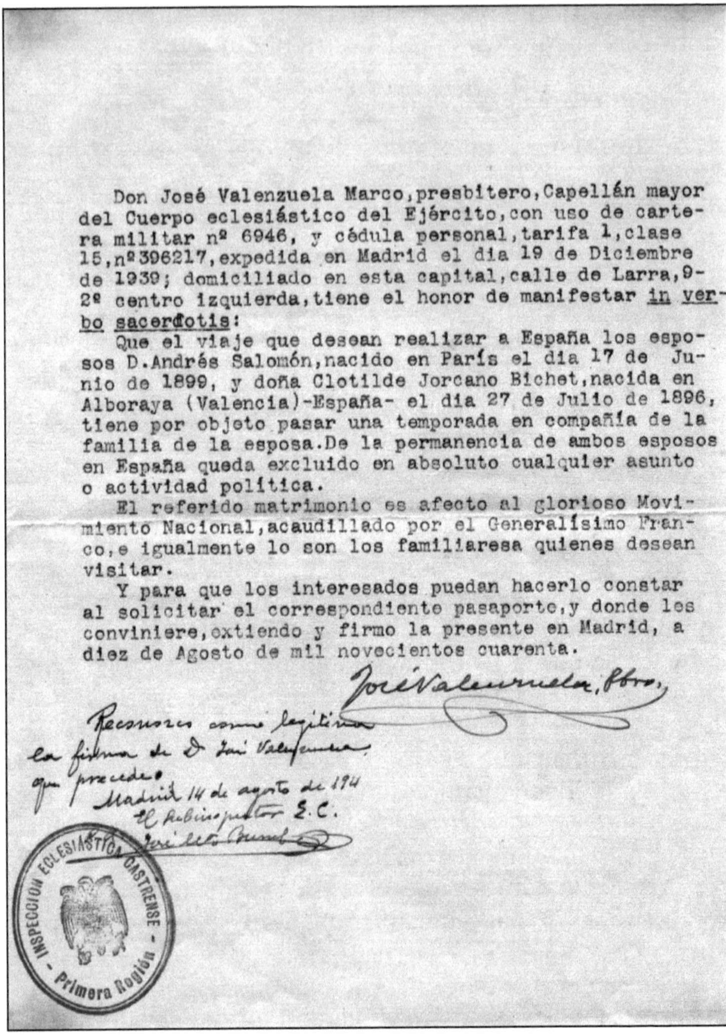

Don José Valenzuela Marco, presbitero, Capellán mayor del Cuerpo eclesiástico del Ejército, con uso de cartera militar nº 6946, y cédula personal, tarifa 1, clase 15, nº 396217, expedida en Madrid el dia 19 de Diciembre de 1939; domiciliado en esta capital, calle de Larra, 9-2º centro izquierda, tiene el honor de manifestar <u>in verbo sacerdotis</u>:

Que el viaje que desean realizar a España los esposos D. Andrés Salomón, nacido en París el dia 17 de Junio de 1899, y doña Clotilde Jorcano Bichet, nacida en Alboraya (Valencia)-España- el dia 27 de Julio de 1896, tiene por objeto pasar una temporada en compañía de la familia de la esposa. De la permanencia de ambos esposos en España queda excluido en absoluto cualquier asunto o actividad politica.

El referido matrimonio es afecto al glorioso Movimiento Nacional, acaudillado por el Generalísimo Franco, e igualmente lo son los familiaresa quienes desean visitar.

Y para que los interesados puedan hacerlo constar al solicitar el correspondiente pasaporte, y donde les conviniere, extiendo y firmo la presente en Madrid, a diez de Agosto de mil novecientos cuarenta.

José Valenzuela, Pbro.

Reconozco como legítima la firma de D. José Valenzuela que precede.
Madrid 14 de agosto de 194

INSPECCION ECLESIASTICA CASTRENSE - Primera Región

Lettre de recommandation du *tio Pepe*, 14 août 1940 (fonds familial).

Mes parents, bien qu'attendus dans leur famille espagnole, n'ont pas utilisé cette aide potentielle. Pourquoi ? Comme je l'ai déjà indiqué, André croyait que Pétain jouait un double jeu et qu'il allait reprendre les hostilités contre l'occupant puisque dans ses discours il avait demandé à plusieurs reprises la fidélité des anciens combattants. André se sentait également intouchable en tant que blessé et décoré de la Grande Guerre. Ma mère n'en croyait rien. Elle lui a par la suite fréquemment reproché sa décision de rester en France, lourde de conséquences pour toute la famille.

Finalement, en septembre 1940, nous nous rendons à Perpignan pour y passer l'hiver en attendant l'évolution de la situation.

Les Statuts des Juifs

Depuis juillet 1940, la situation des Juifs en France est devenue précaire. Les mesures antijuives sont prises à la fois par les autorités allemandes en zone occupée et par le régime de Vichy en zone libre. En zone occupée, dans les premiers jours d'octobre 1940, les Allemands obligent les Juifs à se déclarer à la police, interdisent le retour en zone occupée de ceux qui l'ont quittée et statuent sur leurs biens. En zone libre, le 18 octobre parait le premier Statut des Juifs promulgué par Pétain. Il définit l'appartenance à la « race juive » et établit une liste de professions interdites aux Juifs. Le commissariat aux Questions juives est créé à Vichy en mars 1941. Le second Statut des Juifs est promulgué le 2 juin 1941 ; il abroge le premier Statut, redéfinit extensivement les types des personnes que la loi considère comme étant de « race juive » et allonge la liste des métiers interdits. À la même date, une loi étend le recensement des Juifs à tout le territoire français. Cette loi de recensement en zone libre stipule que toutes les personnes de « race juive » doivent se déclarer par écrit aux préfets et indiquer les biens qu'elles possèdent ; en cas d'infraction, il est prévu des sanctions pénales, amendes et internements, même pour les Juifs « français ».

L'interdiction du retour en zone occupée, l'obligation d'engager des administrateurs « aryens » pour toutes les entreprises juives (octobre 1940), administrateurs qui seront ensuite autorisés à vendre les biens juifs aux aryens (avril 1941) et l'interdiction d'exercer la profession de marchand de biens (juin 1941), appliquées à Nantes, sont des mesures qui toucheront directement André.

La vie à Perpignan

Beaucoup de réfugiés sont déjà installés à Perpignan lorsque nous y arrivons. Il est difficile de trouver un logement. Après un long séjour à *l'Hôtel du Nord et du Petit Paris,* nous cohabitons provisoirement avec les Bollack[30], la famille de Suzanne Vorms puis, début 1941, mes parents trouvent à louer un appartement, 25, quai Vauban. En ville, les denrées commencent à manquer ; je me souviens des longues queues que faisait ma mère avant de pénétrer dans les boutiques d'alimentation.

Dès notre arrivée à Perpignan, mon frère est admis au lycée Arago en 6e et moi en 10e[31]. Mes parents engagent pour notre soutien scolaire un vieux professeur juif, réfugié comme nous ; ils voulaient sans doute aussi l'aider financièrement. Contrairement à Jacques, je travaille mal avec ce répétiteur qui ne me plaît pas. Mon père se fâche, insiste, je fais alors les devoirs que le professeur me demande, je les montre à mon père, puis je les déchire dans les toilettes avant l'arrivée de ce pauvre homme. Mon père comprend le message, le répétiteur ne s'occupera plus que de mon frère. J'étais devenue dans cette période une enfant difficile ; je me souviens que je chapardais de l'argent dans le porte-monnaie de ma mère pour acheter des cigarettes. Mes parents étaient probablement trop angoissés pour s'occuper de ces bagatelles.

André se déclare « Juif »

Comme la plupart des personnes concernées, mon père obéit au décret sur le recensement des Juifs. Il remet sa déclaration de « Juif habitant la France » au commissariat central de Police, rue de Mailly à Perpignan, avant le 31 juillet 1941, date limite imposée. Sans doute fait-il toujours confiance au Maréchal ?

---

30 Ne pas confondre avec nos amis belges Pollack.

31 Actuellement le Cours Élémentaire première année (CE1).

Notre baptême catholique

Notre mère, catholique baptisée, n'a pas d'antécédents juifs dans sa famille et ne peut être regardée comme juive. Mais pour mon frère et moi qui avons deux grands-parents juifs, la « non-appartenance à la religion juive ou à la race juive » ne peut être établie que « par la preuve de l'adhésion à l'une des autres confessions reconnues par l'État ». Pour que nous ne soyons pas considérés comme Juifs, il nous faut des certificats de baptême.

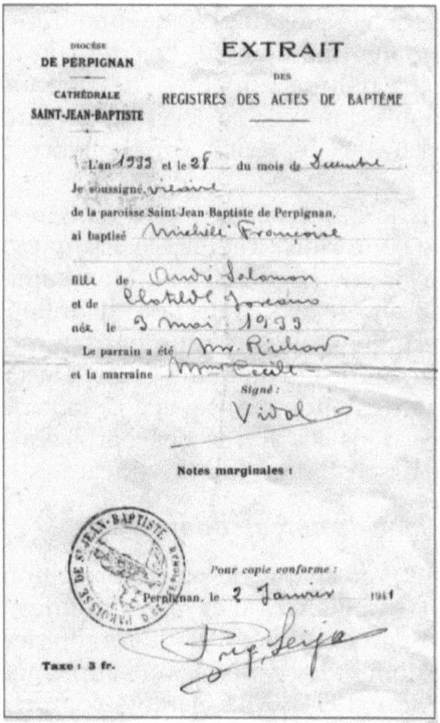

DIOCÈSE DE PERPIGNAN

CATHÉDRALE SAINT-JEAN-BAPTISTE

EXTRAIT DES REGISTRES DES ACTES DE BAPTÊME

L'an 1933 et le 28 du mois de Décembre

Je soussigné, vicaire

de la paroisse Saint-Jean-Baptiste de Perpignan,

ai baptisé Michelle Françoise

fille de André Salomon

et de Clotilde Jorcano

née le 3 mai 1933

Le parrain a été Mr. Richard

et la marraine Mme Cécile

Signé : Vidal

Notes marginales :

Pour copie conforme :

Perpignan, le 2 Janvier 1941

Taxe : 3 fr.

Extrait de baptème de Michelle, 2 janvier 1941 (fonds familial).

Or, nous ne sommes pas baptisés et nous n'avons reçu aucune formation religieuse, nos parents étant tous deux non-croyants.

Pour nous protéger, notre mère décide de nous faire enregistrer comme chrétiens. Elle trouve un jeune prêtre catholique espagnol qui accepte de nous baptiser clandestinement dans une chambre près de la cathédrale. Je me souviens que ma mère nous faisait apprendre le *Nôtre Père* et le *Je vous salue Marie* par cœur, un mois durant avant le baptême et que je tremblais à l'idée de me tromper en les récitant devant le prêtre. En fait, celui-ci ne nous demande rien, à part du sel que mon frère part acheter (un kilo !) dans une épicerie voisine : on en trouvait encore ! Ce prêtre délivre à ma mère des extraits d'acte de baptême antidatés dont elle se servira plus tard pour obtenir nos certificats de « non-appartenance à la race juive ».

Mon extrait de baptême, retrouvé dans nos archives, est une « copie conforme » rédigée le 2 janvier 1941 et signée par le vicaire de la cathédrale. Mon baptême aurait eu lieu le 28 décembre 1933 dans la cathédrale Saint-Jean-Baptiste de Perpignan avec comme parrain monsieur Richard et comme marraine madame Cécile ! Les recherches effectuées à ma demande n'ont pas à ce jour permis d'en retrouver trace dans les livres des paroisses locales de Perpignan. S'agissait-il d'un faux certificat ?

Dita passe la ligne de démarcation

Mes parents reçoivent de mauvaises nouvelles de Nantes où les ordonnances d'aryanisation des biens juifs ont été strictement appliquées. En Loire-inférieure, 99 entreprises juives ont été aryanisées ou simplement fermées (Lambert et Toczé 1994). Mes parents comprennent que leur statut de réfugiés va se prolonger. Ils doivent réorganiser la gestion de leurs biens restés en zone occupée. Ils ont besoin d'argent pour vivre : comment encaisser les revenus du magasin et des locations, sinon en se rendant sur place ?

Début juillet 1941, ma mère décide d'aller seule à Nantes, ce voyage étant jugé trop dangereux pour mon père. Elle traverse clandestinement la ligne de démarcation près de Dax, avec comme passeur la femme d'un boulanger. Divers documents, papiers ou doubles de lettres, témoignent de son activité à Nantes. Elle dépose chez le notaire le 11 juillet 1941 les papiers relatifs à la nationalité française d'André et cherche des prête-noms de confiance pour reprendre fictivement leurs affaires afin d'en faire disparaître le nom juif *Salomon.* Elle règle les problèmes de rentes versées à l'oncle Louis et à ses sœurs Berthe et Élise installées, comme prévu, dans l'appartement de la place du Bouffay avec Anna depuis mars 1941 ; elle charge son amie Lucienne Codet de gérer les fonds destinés aux tantes.

De retour à Perpignan courant juillet, ma mère constate qu'André s'est bien occupé de nous ; il nous a même appris à nager à la piscine.

Le Retour à la Terre

Suite aux mauvaises nouvelles concernant le sort des Juifs en zone occupée, mon père décide de se trouver une activité en zone libre. Dans plusieurs de ses discours le Maréchal avait prôné le *Retour à la Terre* :

> La terre, elle, ne ment pas. Elle demeure votre recours. Elle est la patrie elle-même. Un champ qui tombe en friche, c'est une portion de France qui meurt. Une jachère à nouveau emblavée, c'est une portion de la France qui renaît.

Mon père estime que le métier de cultivateur terrien peut lui être autorisé ; il pourra ainsi nourrir sa famille sans trop de difficulté. Il se met donc à la recherche d'une propriété agricole dans le Sud-Ouest de la France. Dita racontait qu'André avait choisi la Dordogne après avoir rencontré dans un train des paysans périgourdins mangeant du pâté au foie gras... En août 1941, il trouve une propriété à acquérir dans cette région. Cette propriété, Lou-Prat, est située à Saint-Vincent-le-Paluel, au lieu-dit Olivier, à quatre kilomètres de Sarlat. Pour éviter d'éventuelles complications administratives dues aux lois antisémites, c'est ma mère, catholique, mariée en séparation de biens, qui décide de se porter acquéreur avec l'accord du vendeur.

Démarches vaines à Vichy

Bien que catholique, ma mère est l'épouse d'un Juif. Selon les décrets antisémites, elle doit obtenir une autorisation pour acheter Lou-Prat. Concernant cette démarche, j'ai retrouvé deux brouillons de lettres adressées par mon père au général Campet, chef du cabinet militaire du maréchal Pétain ; l'un, écrit à l'hôtel *Monaco* à Vichy, est daté du 17 septembre 1941 et l'autre, du 13 octobre suivant, écrit à Perpignan. J'ai aussi retrouvé les originaux des réponses, trois courriers officiels datés des 23 septembre, 2 et 7 octobre ; le premier provient du commissariat général aux Questions juives de Vichy, le second porte comme entête : *LE MARECHAL PETAIN*, il est signé par le général Campet, et le troisième émane du commissariat aux Questions juives de Limoges. Cette correspondance me permet de récapituler les démarches de mes parents.

Dita adresse d'abord une demande d'autorisation d'achat à la direction du Statut des Biens, préfecture de Périgueux, le 30 août ; sa demande est transmise à Vichy au commissariat aux Questions juives. Pour appuyer le dossier, mon père se rend à Vichy où il séjourne plusieurs jours à l'hôtel *Monaco*. Il demande un rendez-vous au cabinet militaire de Pétain.

Mon père pense être bien accueilli, en tant qu'ancien combattant cité à l'ordre de la nation ; il est effectivement reçu le 17 septembre par le général Campet, chef du cabinet militaire du Maréchal. André demande, pour sa femme ou pour lui-même, l'autorisation d'acquérir la propriété pour l'exploiter et, en cas d'interdiction par la loi, l'obtention d'une dérogation.

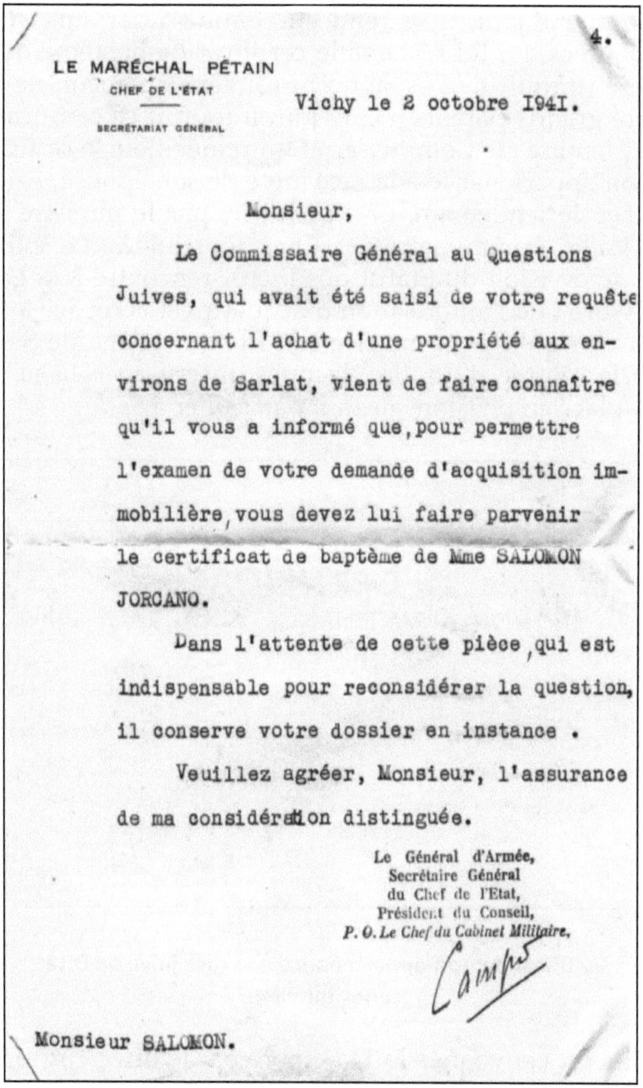

4.

LE MARÉCHAL PÉTAIN
CHEF DE L'ÉTAT

SECRÉTARIAT GÉNÉRAL

Vichy le 2 octobre 1941.

Monsieur,

Le Commissaire Général au Questions Juives, qui avait été saisi de votre requête concernant l'achat d'une propriété aux environs de Sarlat, vient de faire connaître qu'il vous a informé que, pour permettre l'examen de votre demande d'acquisition immobilière, vous devez lui faire parvenir le certificat de baptême de Mme SALOMON JORCANO.

Dans l'attente de cette pièce, qui est indispensable pour reconsidérer la question, il conserve votre dossier en instance.

Veuillez agréer, Monsieur, l'assurance de ma considération distinguée.

Le Général d'Armée,
Secrétaire Général
du Chef de l'Etat,
Président du Conseil,
P. O. Le Chef du Cabinet Militaire,

Monsieur SALOMON.

Réponse du général Campet demandant de nouveaux documents pour l'acquisition de Lou-Prat (fonds familial).

Le même jour, il se rend au commissariat aux Questions juives qui lui réclame le certificat de baptême de sa femme (traduit de l'espagnol) prouvant qu'aucun de ses quatre grands-parents n'était juif. Il fournit ce certificat le 26 septembre ; le Commissariat lui remet alors le certificat de non-appartenance à la race juive de son épouse. André est reçu le lendemain, 27 septembre, par le ministre Xavier Vallat, commissaire aux Questions juives. Le soir, le chef de division du Statut des Biens, rencontré à la gare, lui assure que l'autorisation d'acquérir est accordée à son épouse et qu'il peut inscrire son fils au collège de Sarlat pour la rentrée d'octobre. Jacques, inscrit au collège, est alors placé en pension chez un particulier à Sarlat.

COMMISSARIAT GÉNÉRAL AUX QUESTIONS JUIVES

0,814

CERTIFICAT

DE NON-APPARTENANCE A LA RACE JUIVE

Sur le vu des pièces produites par l'intéressé, le Commissaire Général aux Questions Juives constate que Madame Clotilde Jorcano, épouse André Salomon née le 27 juillet 1896 à Alboraya, province de Valence, Espagne ne doit pas être regardé comme juif aux termes de la loi du 2 Juin 1941.

Vichy Paris, le 26 septembre 1941

Pour le Commissaire Général

Commissariat Général aux Questions Juives – État Français

Imp. Chaix (B). — 2738-41.

Certificat de non-appartenance à la race juive de Dita (fonds familial).

Dita est convoquée le 11 octobre par le directeur régional du Service de l'Aryanisation économique de Limoges, un certain M. Dupont. Elle doit se rendre à la direction régionale de Limoges du commissariat général aux Questions juives, munie « des pièces concernant les propriétés qu'elle possède personnellement et en indivis avec M. Salomon », pièces qu'André avait déjà communiquées personnellement au Ministre à Vichy. Le directeur régional informe Dita que le dossier est en instance au Commissariat…

Le 13 octobre, André écrit au général Campet pour l'informer des suites de l'affaire ; il semble faire encore confiance à Pétain car il termine sa lettre par ces mots :

> Au cas où cette autorisation me serait refusée, je me permettrais de vous demander s'il me serait possible d'obtenir le grand honneur d'une entrevue avec le Maréchal Pétain. Outre le grand honneur de l'entendre, je voudrais lui demander quel conseil il pourrait me donner afin que, dans le domaine de ce qui est permis aux Juifs, je puisse élever ma famille, dans le travail, dans l'honneur, sans être un parasite pour la société et sans que moi, le chef de famille, engagé volontaire à 18 ans, mutilé à Verdun, reparti volontairement pour le front, je ne sois pas [sic] nourri par le travail de ma femme.

Finalement, quelque temps plus tard, l'autorisation d'achat est refusée à mes parents. Mon père comprend enfin qu'il est inutile de se fier au Maréchal et c'est à cette époque qu'il change d'avis sur Pétain et prend toute la mesure de l'antisémitisme du régime de Vichy.

Pour aider mes parents, qui n'ont pas eu le droit d'acheter Lou-Prat, le vendeur M. Hébert, officier récemment démobilisé, accepte de leur louer la propriété. Il déménage, en emmenant des armes qu'il y conservait. À la demande de mon père, il lui laisse un révolver. André pensait-il déjà à résister ?

Mon père obtient une dérogation exceptionnelle temporaire de circulation pour sa voiture Matford entre Perpignan et Saint-Vincent-le-Paluel. Nous nous installons à Lou-Prat dans les premiers jours de décembre 1941. Par précaution, ma mère y fera expédier son courrier à son nom de jeune-fille *Jorcano*.

Dans le Sarladais en zone libre

La Dordogne, qui se trouve en grande partie en zone libre, est le refuge de nombreux Juifs français et étrangers. Bernard Reviriégo, dans son ouvrage *Les Juifs en Dordogne 1939-1944* (2003) rapporte que le monde rural, qui a une forte tradition laïque et républicaine, s'est opposé dès 1940 à la voie de la collaboration. Cet auteur écrit que beaucoup de paysans sont « porteurs d'humanité avec modestie et discrétion ». Il cite les personnes qui, en Dordogne, ont reçu le titre de Justes pour avoir aidé des Juifs, mais signale que nombre d'entre elles sont restées anonymes. Notre expérience familiale le confirme pleinement.

Maison de maître de la ferme de Lou-Prat, 1942 (fonds familial).

La propriété Lou-Prat où s'installe ma famille est située au lieu-dit Olivier. Elle comprend une maison de maître périgourdine, au toit de pierres plates, caractéristique de la région et quelques vieux bâtiments de ferme. De la maison, la vue est dégagée, le paysage magnifique : au loin, on distingue des châtaigneraies, puis la vallée de l'Énéa dont se détachent le donjon et les tours du château de Paluel du XIVe siècle, propriété du prince de Breuil. Quelques rares fermes se trouvent dans les champs et les prés en contrebas.

Mes parents paysans

À leur arrivée à Lou-Prat, mes parents doivent apprendre le métier de cultivateur, métier difficile pour André qui a une main paralysée. Ils achètent et lisent des livres spécialisés, mais ils reçoivent surtout les conseils et l'aide de leurs voisins paysans (les familles Lespinasse et Devier notamment) qui apprécient la personnalité simple et chaleureuse de mon père. Mes parents achètent les animaux de ferme indispensables pour vivre en autarcie, de la volaille, une chèvre, deux cochons, une vache (Lisette) et un cheval (Pompon). Je me souviens des difficultés de ma mère à s'initier à la traite de Lisette, sa queue renversant le seau de lait et de mon père, maladroit, qui ne pouvait pas l'aider. Quant à moi, j'apprends rapidement à traire la chèvre. Mon père, de son côté, s'occupe de la vigne et des plantations de tabac dont il fera sécher les feuilles dans le grenier de notre maison avant de les livrer, en charrette, à la manufacture de La Canéda. La vente du tabac sera pour nous une utile source de revenu.

Ce premier hiver, nous devons nous habituer à l'inconfort de notre maison dont seule la salle à manger est chauffée par un feu de bois dans une grande cheminée où j'ai la place (le *cantou* en patois) de m'asseoir. Les nuits trop froides, ma mère chauffe les lits avec des bouillotes ou parfois avec des brasiers sous des moines. Je me souviens d'avoir souffert d'engelures dans mes galoches. Pour notre première soirée de Noël nous sommes seuls, mais nous avons l'heureuse surprise de voir arriver notre nouvelle voisine, Mme Devier et ses enfants, avec un panier de gaufres qu'elle avait préparées pour nous !

Nos voisins paysans nous intègrent dans leurs travaux collectifs : veillées pour casser les cerneaux de noix destinés au moulin à huile, abattage des cochons et des oies, foins, vendanges, récolte du tabac, etc. Ces réunions, auxquelles tous les enfants participent, sont généralement accompagnées par de bons repas. Personnellement, j'adore ces soirées qui se terminent par des collations : miches de pain, jambon, pâté souvent à base de foie gras, le tout produit sur place. Quel contraste avec la vie que nous menions à Perpignan ! J'ai du mal cependant à comprendre les conversations en patois dont je ne retiens que quelques mots.

André, Dita et Michelle aux travaux des champs, 1942 (fonds familial).

Nos voisins sont toujours disponibles, comme si nous étions de leur famille. Je ne suis âgée que de 8 ans mais j'aime aller seule leur rendre visite. Les Lespinasse s'amusent parfois à me peser, pendue par la taille au crochet de leur balance romaine ; ils me donnent souvent un peu de vin à boire. Ils deviennent mes confidents.

À côté de chez nous habitent aussi deux instituteurs à la retraite, le ménage Chanet. M. et Mme Chanet sont très bohèmes ; ils ont décidé de vivre sans contrainte et ont supprimé chez eux toute montre ou réveil. Eux aussi sont devenus des amis fidèles. Nous sommes autorisés, Jacques et moi, à aller fouiller dans leur grenier pour feuilleter leur ancienne collection de *L'Illustration* dont la lecture nous distrait beaucoup.

Tous nos voisins ont beaucoup aidé mes parents à s'adapter à leur nouvelle vie de paysans. Mon père et moi, nous en sommes assez contents, sans doute plus que ma mère et surtout que mon frère qui déteste travailler aux champs. Néanmoins, comme nous habitons à 5 km du collège, nous sommes, Jacques et moi, placés en pension les jours de semaine à Sarlat chez une dame acariâtre que j'ai du mal à supporter. En fin de semaine, je redeviens paysanne et j'aide mes parents aux travaux de la ferme. Jacques prend souvent prétexte de son travail scolaire pour s'en dispenser.

Le recensement des Juifs en zone libre est sévèrement contrôlé. André fait l'objet d'une enquête : le commissaire général aux Questions juives de Vichy pense, à tort, qu'il s'est soustrait au recensement. Il lui réclame le 11 mars 1942 des preuves de sa « non-appartenance à la race juive » : ils ont un dossier au nom de *Salomon Jorcano* habitant l'hôtel *du Nord et du Petit Paris* à Perpignan, probablement établi après sa visite à Vichy en septembre 1941. La lettre se termine par :

> Je crois devoir attirer votre attention sur la sévérité avec laquelle l'article 2 réprime les infractions à la loi du 2 juin 1941.
> Veuillez agréer, Monsieur, mes salutations empressées.

L'affaire s'est arrangée après que mon père ait expliqué qu'il s'était déclaré Juif à Perpignan et que *Jorcano* était le nom de sa femme.

Le docteur Nessmann

Au printemps 1942, en hachant de la verdure pour les canetons, je mets maladroitement ma main sous les lames du hachoir et me coupe l'artère radiale du poignet gauche. Mon frère me pose un garrot, mon père attelle le cheval et m'emmène en charrette chez le chirurgien de Sarlat, le docteur Victor Nessmann. Celui-ci m'opère immédiatement dans le service qu'il vient de moderniser à l'hôpital. Cet acte et les visites postopératoires qui suivent sont à l'origine d'une grande amitié entre nos deux familles, Salomon et Nessmann.

Jean-Daniel Nessmann a raconté la vie de son père Victor, grand résistant, dans deux livres, *La Cassure* (1997) et *De la Résistance au Martyre* (1998). Le docteur Nessmann, médecin protestant strasbourgeois, est évacué d'Alsace en Dordogne en juin 1940. Il opte en septembre pour le non-retour en Alsace occupée et s'installe comme unique chirurgien à Sarlat. Dans l'année 1941, des mouvements et réseaux de Résistance se sont formés dans la région. Le docteur entre en Résistance dans le mouvement Combat. Le chef de région Edmond Michelet nomme Victor Nessmann chef de l'AS (Armée Secrète) du Sarladais.

Mon père a de nombreuses discussions sur la situation politique avec le docteur. Pour laisser les deux hommes discuter en paix, je dois sortir du cabinet de consultation et aller jouer avec les enfants. Il arrive souvent que le docteur, en consultations dans le voisinage, nous rende visite sous prétexte de contrôler l'état de ma cicatrice…

Comme je suis blessée, à mon grand plaisir je ne vais plus au collège et reste à Lou-Prat. Mon père m'emmène en charrette, une fois par semaine, pour prendre des cours avec mon maître, M. Vigouroux, rémunéré en nature avec les produits de la ferme.

Le cheval Pompon, André et Michelle partent en ville, Jacques reste à Lou-Prat, 1942 (fonds familial).

La famille Nombela

Au cours de travaux agricoles collectifs, mon père rencontre un jeune ouvrier agricole, réfugié politique espagnol, Mariano Nombela, qui travaille chez des voisins. Ma mère, ravie à l'idée de parler espagnol, contacte les parents de Mariano.

Le père de la famille Nombela, Agapito, originaire de *Portillo de Toledo,* est ouvrier agricole. Il s'était engagé en 1936 dans l'armée républicaine. Sa famille, fuyant les armées franquistes, avait parcouru en trois ans le Nord-Est de l'Espagne, dans des camions ou en marchant, puis avait traversé à pied les Pyrénées. La mère, Josefa, arrive en France en février 1939 sans le père, avec ses cinq enfants, Mariano, Clarito, Maria-Jesus (dite Marie), Paula (dite Paulette) et Libertad, la cadette âgée de trois mois. Libertad était née dans le presbytère désaffecté du village de Torà, province de Lerida en Catalogne lors d'une étape d'un an sur la route de l'exil, au début de laquelle Agapito avait eu une permission. Le bébé était porté par sa sœur Marie dans la traversée des montagnes. Plus tard, Libertad sera appelée Eliazar, son vrai prénom étant « provocateur » dans la France de Pétain.

Arrivés en France, la mère et les enfants Nombela sont transférés de Perpignan à la prison de Bergerac, au château-fort de Caussade près de Périgueux, puis cantonnés à Sarlat dans des baraquements sordides. Ils trouvent finalement un petit logement à Peyrignac, près de Sarlat. De son côté le père, en fuite avec d'autres compagnons républicains, arrive aussi dans le Roussillon. Il est interné dans les camps d'Argelès et Rivesaltes puis mis au travail forcé en Dordogne dans le GTE[32] de Castelnaud- Fayrac.

Quand ma mère rencontre les Nombela, les enfants apprennent le français à l'école de Temniac et l'enseignent ensuite à leur mère. Les hommes travaillent dans les fermes des environs. Mon père propose à Marie, alors âgée de 14 ans, de venir vivre à la maison pour aider ma mère qui a un surcroît de travail à cause de ma blessure. Marie accepte et quitte l'école. Un peu plus tard, mes parents engageront aussi Agapito et toute la famille Nombela viendra vivre sans confort dans la *Maison vieille*, au fond de la propriété de Lou-Prat. La présence de Marie, vive et toujours gaie, amène de l'animation chez nous ; elle tient parfois tête à ma mère, ce que j'admire en cachette ; en même temps, n'étant pas beaucoup plus âgée que mon frère et moi, elle est aussi une camarade de jeux. Marie m'apporte beaucoup de réconfort dans ces années difficiles. Nous resterons amies par la suite.

Deuxième visite clandestine en zone occupée

À Nantes début 1942, la situation des Juifs s'aggrave. Des arrestations ponctuelles sont effectuées, des otages juifs sont fusillés (Lambert et Toczé 1994). Mes parents

---

[32] Groupement de Travailleurs Étrangers ; cf. Reviriégo, dans Koscielniak et Souleau, 2011, p. 310-325.

sont inquiets pour leurs affaires nantaises. Ils ont de nouveau besoin d'aller sur place pour percevoir leurs revenus. À la mi-mars, ma mère passe une seconde fois clandestinement la ligne de démarcation. Elle se rend à Nantes puis à Paris chez ses amis Franck, comme l'atteste un échange de courrier avec l'oncle Louis lors de son séjour en zone occupée.

À Nantes, Dita met au point avec son ami Vanden Brugge la cession fictive de son magasin au fabriquant de lingerie M. Pasquier, pour éviter une éventuelle spoliation. Elle se rend à Champtoceaux avec sa filleule Isabelle Sandinha qui m'a raconté l'histoire suivante : notre maison, prêtée à notre ami monsieur L, avait été ensuite réquisitionnée par les Allemands qui s'en servaient pour le « repos de leurs guerriers ». Notre ami avait dû déménager dans une villa voisine. Dita lui rend visite et voit les tableaux de notre propre maison réquisitionnée accrochés sur les murs de sa villa. Elle lui demande des explications : gêné, l'ami de la famille lui assure qu'il nous les rendrait à notre retour…

Mes parents avaient l'intention de résilier le bail de l'appartement de la place du Bouffay qui leur coûtait trop cher et d'en mettre à l'abri le mobilier chez des amis nantais. De ce fait, lors de ce séjour en zone occupée, ma mère devait raccompagner les tantes Salomon chez leur frère Louis, qui habitait alors Briouze, en Normandie. Or, les tantes ne s'entendent pas avec Henriette, la compagne de Louis, et refusent de quitter Nantes. Ma mère accepte de continuer à les loger dans l'appartement, en y laissant le mobilier, mais proteste auprès de Louis et évoque dans un courrier « les moyens d'existence pour tous tellement précaires et l'atmosphère tellement angoissante » de l'époque. Dans sa réponse du 21 mars, Louis se plaint de la méchanceté de ses sœurs vis-à-vis d'Henriette et énumère ses difficultés financières ; il n'a plus droit aux loyers de ses propriétés et la pension de veuve de guerre de sa compagne est supprimée. Il réclame donc une augmentation de pension à André. Il ajoute être allé assister à Dinard à l'enterrement de sa sœur Delphine.

Ma mère n'a pu rencontrer Louis comme prévu. Elle lui écrit de chez les Franck à Paris qu'elle doit quitter rapidement la zone occupée. Le ton de la lettre suggère qu'elle a dû craindre d'être dénoncée puisqu'elle est encore propriétaire de son magasin et connue sous le nom juif *Salomon*. Elle franchit une nouvelle fois, clandestinement et même dangereusement d'après mes souvenirs, la ligne de démarcation, près de Vierzon, pour nous rejoindre à Lou-Prat.

L'« atmosphère tellement angoissante » évoquée par ma mère se comprend bien : en zone occupée, la persécution des Juifs s'intensifie durant son séjour. Le 27 mars 1942 a lieu le départ du premier convoi de déportés depuis la France vers Auschwitz. Dans la région nantaise, le 15 juillet suivant, débutera une rafle : 98 arrestations sont dénombrées dont 28 dans le propre arrondissement de Nantes (Lambert et Toczé, 1994). À Paris les 16 et 17 juillet aura lieu la grande rafle du Vél-d'Hiv'[33] où environ 13 000 Juifs étrangers seront arrêtés par les policiers français et déportés. Au mois d'octobre suivant, une seconde rafle aura lieu à Nantes.

Réquisition de l'appartement de Nantes

Après le retour de ma mère en Dordogne, mes parents reçoivent de mauvaises nouvelles de Nantes : le 4 août 1942, les autorités allemandes ont procédé à l'évacuation de leur appartement de la place du Bouffay et l'ont mis sous scellés, « en vertu des ordonnances réglant la situation des Juifs ». Tout le contenu de l'appartement (meubles, tableaux, livres anciens, argenterie, linge, etc.) a été transporté sur ordre des Allemands vers une destination inconnue par l'entreprise de transport Drouin. Les tantes Salomon ont dû partir précipitamment à Briouze, chez leur frère Louis, malgré leur mésentente avec sa compagne Henriette. Mes parents, prévenus par courrier, font procéder en octobre à un état des lieux par maître Le Batard, huissier à Nantes : l'appartement vidé a été réquisitionné par la Mairie de Nantes et attribué à

[33] Le Vélodrome d'Hiver, où ont été entassées les familles juives arrêtées, avant leur déportation.

M. Narcy, ingénieur muté de l'arsenal de Toulon, qui a son bureau à la Gendarmerie Maritime.

Persécutions en zone libre en 1942

Début août, suite à l'accord de René Bousquet[34] avec les SS, Vichy livre aux Allemands un premier acompte de 3 429 Juifs *apatrides* détenus dans les camps et GTE de la zone libre. Travaillant sur critères quantitatifs, du 23 au 26 août 1942, la police française en zone libre se charge de la gigantesque rafle de Juifs étrangers dite des *10 000*. Toutes ces personnes, parfois accompagnées d'enfants, sont transférées à Drancy puis déportées. Certaines voix des Églises se font entendre (Klarsfeld, 1983, p. 152-156 ; Reviriégo, 2003, p. 206-210) : les 3 et 25 août, le Consistoire central proteste auprès du gouvernement français ; le 20 août le pasteur Bœgner lance son appel à Pétain ; le 23 août la lettre pastorale de l'archevêque Saliège est lue dans le diocèse de Toulouse ; le 9 septembre le Grand Rabbin Hirschler proteste à Nîmes contre les déportations.

En Dordogne une partie de la population est indignée (Reviriégo, op.cit.). Ainsi le commissaire de Police de Sarlat ne déclare pas les « israélites étrangers » qui lui ont été signalés par les gendarmes des environs[35]. De nombreux Juifs sont cachés et le nombre de leurs arrestations est inférieur à celui des listes. Cependant, toujours sur ordre de Bousquet, la traque des Juifs continue : en septembre, à Sarlat, la police fait ainsi procéder, en vain, à l'identification de tous les voyageurs descendus dans les hôtels de la ville.

La vie continue à la ferme

Alors que se déroulent ces tragiques évènements, à Lou-Prat notre vie s'organise sans problèmes apparents. Pendant l'été 1942, nous recevons les visites de membres de la famille Vorms qui se trouvent en zone libre : Antoine et son père Robert installés alors à Vichy, puis la

[34] Le secrétaire général à la Police de Vichy.

[35] Archives départementales de la Dordogne, cote 60W182.

tante Jeanne[36], réfugiée à Limoges dans sa famille d'origine. Nous allons chercher en charrette nos visiteurs aux gares de Sarlat ou même de Souillac à 25 km de chez nous. Nous leur faisons partager notre vie de fermiers. Antoine se souvient d'être monté sur le dos fort inconfortable de notre vache Lisette et d'avoir fait des courses de vitesse dans les champs avec Jacques. Tante Jeanne, à l'inverse, a du mal à s'adapter et s'étonne que l'on ne puisse pas lui apporter *Le Figaro* tous les matins !

Tous les soirs, nous écoutons Radio Londres, volets fermés par peur des dénonciations. La mairie de Saint-Vincent-le-Paluel nous délivre des cartes de vêtements en plus de nos cartes d'alimentation. À la rentrée d'octobre 1942, je retourne en 8e[37] au collège La Boétie, mais je change de pension : je réside aux Pechs, sur les hauteurs de Sarlat, chez des hôtes différents de ceux de Jacques, M. et Mme Cosse, qui sont d'adorables retraités. Chez eux, je fais *chabrol* tous les soirs en mettant du vin dans le reste de ma soupe ; ils m'apprennent à cuisiner mes plats préférés, le tourin blanchi à l'oseille et le gâteau de citrouille... Les mercredi et samedi, nous retournons à Lou-Prat en vélo, mais parfois je préfère rentrer seule à pied par les raccourcis à travers bois.

En pension chez les Cosse, aux Pechs, je me sentais en totale confiance. En fait, ma sécurité n'était pas vraiment garantie : j'ai appris récemment d'une habitante du quartier de mon âge que, pendant la guerre, le voisinage m'appelait « la petite juive cachée des Cosse » ; les Cosse en me logeant avaient eux aussi pris des risques...

C'est lors d'une visite du docteur Nessmann, le dimanche 8 novembre 1942, que nous entendons, tous ensemble à la radio, l'annonce du débarquement des Alliés en Afrique du Nord. Ce sera la fin de la zone libre.

---

[36] Jeanne est la veuve d'Henri Vorms, mort à la guerre de 1914.
[37] Actuellement le Cours Moyen première année (CM1).

Dans le Sarladais en zone occupée

Après le débarquement des Alliés en Afrique du Nord, la zone libre devient « zone nouvellement occupée ». Les troupes allemandes pénètrent en Dordogne le 11 novembre 1942.

Ma mère reçoit, fin novembre, une carte-lettre alarmante de M. Vanden Brugge. Son ami nantais, qui gère les comptes de son magasin de Nantes, lui conseille de signer rapidement la cession de son fonds de commerce pour le soustraire aux mesures de spoliations qui la menacent. Il écrit : « Un conseil : allez vite, très très vite pour beaucoup de raisons. » Dita signera l'acte de cession à M. Pasquier devant le notaire de Sarlat le 16 décembre.

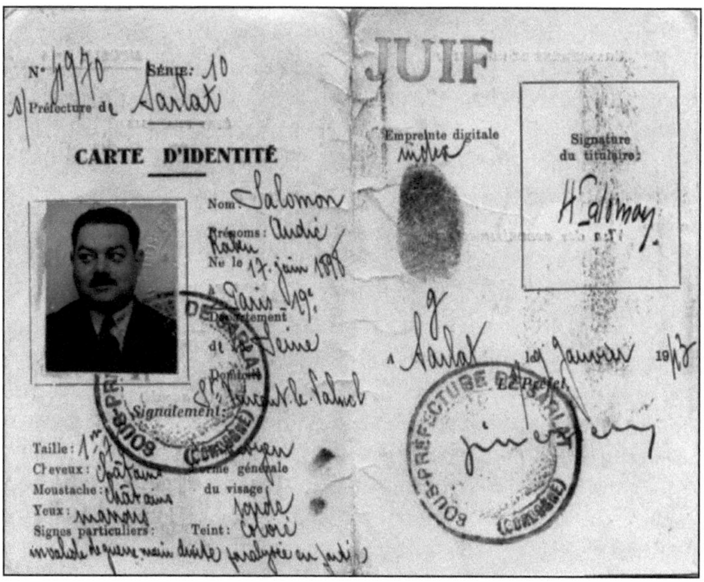

Nouvelle carte d'identité d'André portant le tampon JUIF, 9 janvier 1943 (fonds familial).

Le 11 décembre 1942, la loi a rendu l'apposition de la mention *JUIF* obligatoire sur les cartes d'identité et d'alimentation délivrées aux Juifs de la zone nouvellement occupée. André obéit et se munit le 9 janvier 1943 d'une nouvelle carte d'identité, n° 4970, série 10, avec le tampon *JUIF*, et fait tamponner sa carte d'alimentation.

Au cours de l'année 1943, mes parents poursuivent leur vie de paysans, toujours aidés par les Nombela. Marie se souvient que nous élevions des moutons que nos voisins nous aidaient à tondre. Avec ma mère, elles allaient toutes deux en vélo à la filature de Carsac échanger la laine brute contre des écheveaux à tricoter. Tricot et couture occupent les soirées des dames.

Pour mes 10 ans, mes parents m'offrent comme cadeau d'anniversaire une chevrette, *Biquette*. Lorsque je lui donne son biberon dans la maison, il lui arrive de sauter sur la table de la salle à manger et de tout renverser ; la famille se fâche, je me sens coupable. Mon père est très exigeant pour notre travail scolaire. Un soir, après une remontrance, je me sauve de la maison avec Biquette, je suis rattrapée dans la cour… Par la suite, mon père n'osera plus critiquer mon travail, mais continuera d'être sévère avec mon frère qui, lui, n'osait jamais protester.

Conséquence positive inattendue du changement de zone : durant l'été, des amis de l'ancienne zone occupée peuvent venir profiter du charme de la région sarladaise et de sa gastronomie. Les jeunes nantaises Isabelle et Herminia Sandinha séjournent aux Pechs chez la famille Cosse, tandis que leur frère Fernando habite chez nous. Nous allons ensemble nous baigner au bord de la Dordogne, en vélo ou en charrette. Nous recevons également la visite de nos amis parisiens Roche et Lelièvre avec leurs familles et plus tard celle du cousin Pierre Vorms. Pierre nous raconte ses actions de résistant et pense ne pas risquer de se faire arrêter. Mes parents sont surpris de son optimisme, malheureusement avec raison comme nous le verrons plus loin.

Les 16 et 23 septembre 1943, le centre de la ville de Nantes est sévèrement bombardé par les Américains. L'immeuble de notre appartement de la place du Bouffay est en partie détruit ainsi que celui de la rue Crébillon où demeurent nos amis Sandinha, totalement sinistrés. Mes parents leur suggèrent d'obtenir des autorités allemandes l'attribution de notre maison réquisitionnée de Champtoceaux. Fernando Sandinha, de nationalité portugaise, fait intervenir en sa faveur le consul portugais et obtient gain de cause. Nos amis s'installent dans notre maison où, curieusement, les Allemands ont laissé le mobilier intact.

Les armes cachées

En Dordogne, des dépôts d'armes avaient été dissimulés secrètement en 1940 dans des propriétés privées, grottes, hangars et bois par l'armée de l'armistice (Penaud, 1985, p. 48). Ils devaient être livrés aux Allemands sur ordre de Vichy. Certains maires avaient refusé de les livrer. Quelques-uns de ces dépôts étaient utilisés par la Résistance. Au début de l'année 1943, les Allemands cherchent activement ces armes.

Un dépôt d'armes était caché dans notre collège La Boétie de Sarlat (Roulland & Soulhié, 1987, p. 87). J'ai retrouvé aux Archives départementales de la Dordogne deux documents rédigés par des membres résistants de ce collège, Alexandre Bertrand[38], et le principal M. Terrenq[39], qui relatent la recherche de ce dépôt par l'armée allemande. Le 23 janvier 1943 à 10 heures du matin, un convoi composé d'une douzaine de voitures militaires allemandes encadrées de motocyclistes s'arrête devant le collège. M. Terrenq, cerné dans son bureau, reçoit l'ordre de livrer armes et munitions et répond : « À ma connaissance il n'y a ni armes ni munitions. » Les Allemands se livrent à une perquisition en règle et ne trouvent rien. En fait, dans les locaux de la section technique du collège étaient entreposés un certain nombre de fusils Lebel, une caisse de grenades et les plans de mines antichars que les ateliers faisaient fabriquer ! Une nouvelle visite a lieu le 1er février suivant ; les Allemands, mieux renseignés par un habitué des lieux, connaissaient l'endroit précis du dépôt,

---

[38] cote J 2549.

[39] R. Terrenq, *Collégiens et maquisards...héros d'insurrection,* Livre d'or du collège La Boétie de Sarlat, 1946, p. 94, 95.

mais M. Terrenq avait auparavant fait disparaître les armes. Le convoi repart de nouveau bredouille. Mon frère se souvient de l'affolement que créèrent ces visites parmi les professeurs et les élèves.

Nous recevons aussi à Lou-Prat, un jeudi, la visite d'une patrouille allemande à la recherche d'armes. L'officier, dans un français approximatif, s'adresse poliment à ma mère : « Vous couturez [*sic*], Madame ? » Marie se souvient qu'il lui reproche d'avoir attaché son chien et lui donne l'ordre de le détacher en ajoutant : « Que penseriez-vous si je vous attachais au mur ? » Mon père gardait caché dans le grenier le révolver de M. Hébert. Dita craint que les Allemands ne découvrent l'arme de son époux juif ; elle les détourne vers une autre propriété pour gagner du temps. Elle se précipite au grenier, prend le révolver, rejoint André qui travaille dans les vignes et y enterre l'arme. Les Allemands reviennent bredouilles du voisinage. Ils fouillent toute la maison, ne trouvent rien et repartent : nous sommes tous soulagés. Ils étaient bien renseignés car ils connaissaient l'existence de l'ancien dépôt d'arme de notre propriétaire, M. Hebert.

André entre en Résistance

Serge Roche, l'ami d'enfance d'André, fait de la Résistance[40] à Paris. Il est officier de renseignement dans les rangs des FTP[41]. Mon frère se souvient de la visite à Lou-Prat d'un émissaire de Serge qui veut rencontrer notre père, vraisemblablement pour le recruter. Selon les attestations du Front National (représentation politique des groupes de lutte armée FTP) que ma mère se procurera en 1945, André collaborait au réseau de Résistance FTP depuis février ou mars 1943, probablement dans le renseignement. Albert, dit Descartes, ex-commandant FTP qui signe une de ces attestations, était en 1943-1944 en relation avec Juliette Ténine qui appartenait, comme Serge Roche, au réseau de renseignement des FTP, le *Service B*. Albert atteste qu'André, « après avoir été contacté, a re-

---

[40] Voir P. Mauriès, op. cit. p. 51.

[41] Ou FTPF, Franc-tireurs et Partisans Français.

cherché des terrains d'atterrissage dans la région de Sarlat ».

D'après Marie Nombela, lorsque nous écoutons Radio Londres mon père note scrupuleusement tous les messages personnels. Certains de ces messages, comme « la soupe aux choux se fait dans la marmite », indiquent les lieux et dates des parachutages[42]. Mon père connaît les lieux de parachutage au voisinage de notre propriété : il rentre parfois à la maison, tôt le matin, rapportant de la toile de parachute et des harnais, de gros rubans de caoutchouc. Avec la toile, ma mère confectionne des vêtements et mon père, avec les harnais, fabrique des balles avec lesquelles nous jouons, Clarito Nombela et moi. Il nous est par contre interdit de sortir les balles de la propriété et d'en parler à l'école ! J'ai appris récemment[43] que les parachutages proches de notre ferme commencèrent assez tôt en 1943 ; ils se situaient dans la commune de Sainte-Nathalène, sur le plateau au lieu-dit Aigue-Vieille[44]. Ils avaient lieu les nuits de clair de lune afin d'améliorer la visibilité pour les avions.

Depuis la victoire de Stalingrad en janvier et les débarquements alliés en juillet et septembre en Sicile et Calabre, l'année 1943 est devenue pour nous celle de l'espoir. Je me souviens de mon père reportant avec Jacques sur une grande carte de l'Europe l'avancée des troupes russes et alliées après chaque écoute de Radio-Londres.

La Résistance se structure

L'année 1943 est aussi celle des changements dans la Résistance : les groupes de Francs Tireurs et Partisans Français (FTPF) s'organisent sous la direction d'un état-major régional ; ils sont en majorité communistes. Le MUR (Mouvement Uni de Résistance) se constitue avec, entre autres, le groupe Combat. Des maquis se forment, AS (Armée Secrète) et MOI (Main d'Œuvre Immigré), avec des réfractaires du STO (Service du Travail Obligatoire), des réfugiés espagnols et des Juifs « étrangers ».

---

[42] Comme le rappellent Roulland & Soulhié, *op. cit.* p. 69.
[43] Communication personnelle de M. Soulhié.
[44] « Eyguevielle » dans Google.

C'est aussi le début de la phase active (Nessmann, 2008) avec des parachutages d'armes, depuis l'Angleterre, destinées aux maquis qui organisent des attentats contre des militaires allemands ou contre les espions français qui traquent les résistants.

Persécutions des Juifs en Dordogne en 1943

En février 1943, d'importantes rafles de Juifs étrangers sont organisées par le gouvernement de Vichy, en représailles à un attentat parisien où deux officiers allemands avaient été abattus. Sur les 2000 Juifs réclamés en France, le quota exigé en Dordogne est de 90 hommes. Des arrestations sont opérées dans les GTE et à domicile, en plusieurs vagues car beaucoup de Juifs, prévenus, se cachaient ou étaient partis (Reviriégo, 2003, p. 212-224). Les Renseignements généraux de la Dordogne écrivent :

> Les Juifs, dans la région de Sarlat, ont été pris d'une véritable panique. Beaucoup ont regagné la côte d'Azur où les autorités italiennes ne manifestent, paraît-il, aucune hostilité à leur encontre.

Finalement, au moins 110 hommes sont déportés.

Plus tard, d'août à novembre, d'autres rafles de Juifs se poursuivront, menées cette fois par les Allemands aidés par des Français collaborateurs[45].

La répression de la Résistance en Sarladais

Les groupes de résistants subissent fin 1943 de fortes pertes. Ils sont souvent dénoncés par des particuliers, espions, membres du PPF (Parti Populaire Français) ou de la Milice nouvellement formée. Ainsi, le 30 octobre, le chef du groupe AS de Saint-Alvère, Mojzesz (Marc) Goldman, dit Mireille, est arrêté à Périgueux[46]. Sa femme avait été arrêtée le 8 septembre en tant qu'otage ou *appât*, fait courant à l'époque. Elle aura la chance d'être libérée le lendemain de l'arrestation de son mari. Ensuite les attaques des Allemands s'enchaînent : en novembre, le groupe Mireille est décimé et des membres du groupe

---

[45] Reviriégo, 2003, p. 225-229.

[46] Son histoire est racontée par Nessmann (1998) et Le Bail (2001).

MOI de Domme[47] sont arrêtés et déportés ; en décembre la Gestapo réalise un coup de filet sur les résistants de Dordogne-Sud dont les noms figuraient sur un carnet saisi précédemment.

Le 21 décembre 1943, Victor Nessmann est arrêté à Sarlat et emprisonné. Mes parents sont bouleversés lorsqu'ils apprennent l'arrestation de leur ami. Plus de cinquante ans après, son fils Jean-Daniel reconstituera l'histoire de son père (Nessmann, 1997, 1998) : le docteur est arrêté au milieu d'une consultation par une équipe de trois Français du SD[48] de Limoges et incarcéré à la maison d'arrêt de Limoges. Le 4 janvier suivant, il est conduit impasse Tivoli, dans les locaux de la Gestapo, pour y être interrogé. Il y est torturé par les trois SS français, originaires d'Alsace et de Moselle[49], qui s'acharnent sur lui. De retour dans sa cellule, souffrant horriblement, il dit à son compagnon qu'il a la colonne vertébrale brisée et une hémorragie interne. Il est de nouveau interrogé le lendemain et meurt peu de temps après. La Gestapo fait disparaître son corps dans les environs de Limoges.

[47] Dont Neige Roger, née Neus (Nieves) Catala, réfugiée espagnole qui, rescapée du camp de Ravensbrück, témoignera du décès du docteur Nessmann à son retour en 1945.

[48] Le *Sicherheitsdienst*, service de sécurité de la SS.

[49] Leur parcours est décrit par Jean-Daniel Nessmann dans son document récent : *Destins croisés de six Alsaciens à la Gestapo de Limoges 1943-1944,* (communication personnelle).

La famille d'André de 1939 à 1943

Au début de la guerre, les cousins Vorms, Robert, Pierre et Gérard, ainsi que les cousins Lévi, Raymond et Jacques, ont dû quitter leurs domiciles. L'oncle Louis Salomon par contre est resté chez lui à Briouze, dans l'Orne, où les tantes, chassées de Nantes, l'ont rejoint en 1942.

L'oncle Louis

Au dernier trimestre 1943, une mauvaise nouvelle nous parvient : l'arrestation le 24 novembre par la Gestapo de l'oncle Louis à son domicile, rue d'Argentan à Briouze. Je ne possède aucun renseignement sur les raisons de son arrestation. S'agit-il d'une rafle, d'une dénonciation ?

Robert

Robert Vorms est agent contractuel au ministère de l'Intérieur. Il a suivi son ministère à Vichy. Sa femme, professeur de la Ville de Paris, est révoquée par la loi du 3 octobre 1940 qui interdit aux Juifs le métier d'enseignant. Dans un premier temps, elle reste à Paris avec son fils Antoine ; celui-ci se souvient que Lucie, sa tante sourde-muette, vivait avec eux deux. En juillet 1942, Antoine est conduit à Vichy par la Croix-Rouge pour rejoindre son père. Plus tard, sa mère, restée seule à Paris, tente de traverser clandestinement la ligne de démarcation ; elle est arrêtée, emprisonnée mais l'ami, commissaire de Police, qui lui avait indiqué la filière clandestine, parvient à la faire libérer et passer à Vichy. Par la suite, une lettre signée de René Bousquet met fin aux fonctions de Robert au ministère de l'Intérieur. Ses collègues lui trouvent un poste de contractuel au ministère du Travail à Lyon puis à Annecy où il s'installera avec sa famille jusqu'à la fin de la guerre.

Gérard

Gérard Vorms est fait prisonnier par l'armée allemande le 18 juin 1940 à Dinan. Emmené en captivité en Allemagne, il est libéré en août 1941 au titre d'officier ancien combattant de la Grande Guerre. Il se réfugie avec sa famille à Limoges, puis à Gap (Hautes-Alpes) où il réside dans la vieille maison du 8, rue des Remparts. Le 19 mars 1942, il est recruté à Gap comme directeur administratif du comité de Répartition au ministère du Ravitaillement. Ce recrutement sur un poste de direction est en principe contraire au Statut des Juifs : ceux qui, comme Gérard, ont rendu des services éminents à la France peuvent être recrutés mais seulement sur des postes subalternes. L'administration à Gap n'applique pas strictement les ordres de Vichy.

Gap se trouve alors en zone d'occupation italienne où les Juifs courent, en principe, moins de risques qu'en zone allemande. Aussi, Gérard conseille à son cousin germain Jean de venir, avec sa femme et sa fille Michèle, le rejoindre dans la région. Il accueille aussi chez lui sa sœur Lucie, handicapée, et le père de sa femme Suzanne, M. Bollack dit Apé.

Il faut cependant souligner que, dès le début de 1943, les Juifs de Gap sont soigneusement fichés. On peut ainsi suivre à la trace les Vorms dans les Archives de Gap[50] : le 14 janvier ils figurent dans la liste des israélites français résidant dans la commune, transmise à la préfecture des Hautes-Alpes par le commissaire principal de Police ; le 16 avril 1943, la liste des J2 et J3[51] juifs du département dressée par l'Inspection d'académie est transmise à la Préfecture, Philippe Vorms s'y trouve ; le 12 mai 1943, la Préfecture demande au Commissaire l'adresse exacte, la date de naissance et la profession des Juifs français résidant à Gap, les Vorms y figurent encore ; le 2 juin 1943, le Préfet adresse au commissaire général aux Questions juives à Paris la liste des établissements où sont inscrits des élèves

---

[50] Archives départementales de Gap, AD 05 370 W15043.

[51] J2 et J3 désignent les groupes d'enfants et d'adolescents pour les cartes d'alimentation.

juifs, Jean Vorms est cité dans la liste des 3e du lycée de garçons de Gap. La minutie du travail de fichage des Juifs par les fonctionnaires français est impressionnante.

Pierre

Pierre Vorms s'est réfugié à Lyon tandis que sa femme et sa fille Catherine sont accueillies chez une cousine, à Durdat-Larequille dans l'Allier. À Lyon, Pierre se déclare agent commercial. Il milite activement contre les Allemands avec notre ami commun Ado Franck au sein du réseau de Résistance NAP-Fer (Noyautage des Administrations Publiques, Chemins de Fer), comme nous le verrons par la suite.

Les cousins Levi

Raymond a tout juste terminé ses études de médecine lors de la déclaration de guerre. Il est mobilisé en 1939 mais continue d'écrire sa thèse à l'armée. Démobilisé en 1940 en zone libre, il part dans l'Isère à Saint-Siméon-de-Bressieux où il exerce la profession de médecin généraliste. Son frère Jacques, étudiant à Sciences-Po, l'y rejoint. Plus tard, faisant partie de la Résistance, ils prendront le maquis et rejoindront le Vercors

V. 1944 : L'année tragique

L'arrestation de Louis, en novembre 1943, marque la fin d'une période de guerre, certes difficile à vivre matériellement, mais pendant laquelle nos parents avaient pu réorganiser des vies presque normales, avec l'espoir d'une libération prochaine. L'année 1944, malgré l'approche de la victoire, sera dramatique pour nos familles Salomon et Vorms.

Tensions à Lou-Prat

Début 1944, l'atmosphère à Lou-Prat devient plus angoissante. Après l'inquiétude sur le sort de l'oncle Louis, nous recevons des nouvelles dramatiques des cousins Vorms dont je ferai plus loin le récit. Mon père en est profondément affecté.

La fausse carte d'identité

Dernière photo d'André, réalisée pour sa fausse carte d'identité André Saurin, janvier 1944 (fonds familial).

André a décidé de se procurer une fausse carte d'identité au nom d'André Robert Saurin. Est-ce sur les conseils de son chef de la Résistance ou a-t-il senti lui-même qu'il devra se cacher ailleurs que dans le Sarladais ? Dans les premiers jours du mois de mars 1944, il fait un voyage à Lyon pour se la procurer. À Lyon se situe le siège du Service national de l'identité et des faux papiers des MUR qui en regroupe la fabrication pour différents mouvements de Résistance (Dossin &

Thomas, 2010). La fausse carte de mon père, obtenue par le groupe FTPF[52], provient probablement de ce service. D'après mon frère, elle lui aurait été remise par une de ses relations : Édouard Bonnefoy. Ce haut fonctionnaire, nommé préfet régional de Lyon en janvier 1944, avait été auparavant préfet à Nantes. En apparence, M. Bonnefoy est fidèle au régime de Vichy ; en réalité, il a des contacts avec la Résistance, le réseau NAP, auquel il transmet des renseignements et des faux papiers (Prost, 1999). André est reçu par le Préfet qui lui remet sa fausse carte d'identité. Il aurait dit à mon père en le quittant « à savoir lequel de nous deux s'en sortira ». En fait, aucun des deux ne s'en est sorti. M. Bonnefoy a été arrêté en mai 1944 par la Gestapo, après dénonciation par la Milice lyonnaise, puis déporté au camp de Neuengamme en Allemagne du Nord et finalement tué dans la « tragédie de Lübeck », sur le bateau *Cap Arcona*, le 2 mai 1945[53]. Le préfet Bonnefoy obtiendra à titre posthume la médaille de la Résistance (Prost, 1999).

Vérification des listes

Les actions de Résistance s'intensifient en Dordogne. Après chaque attentat des rafles de représailles sont organisées, souvent d'après des listes que la Préfecture fournit ; beaucoup de Juifs y figurent. Le 13 mars 1944, mon frère et moi recevons à Lou-Prat la visite de gendarmes sarladais qui cherchent notre père. Absent, il est convoqué à la gendarmerie où il se rend le lendemain. Il s'agit seulement de vérifier que sa carte d'identité et sa carte d'alimentation portent bien la mention *JUIF*. J'ai effectivement retrouvé aux Archives départementales de la Dordogne un document[54] émanant de la brigade de la gendarmerie de Sarlat adressé au sous-préfet l'informant,

---

[52] Selon l'attestation d'appartenance à la Résistance, (émise après-guerre par le Front national).

[53] Avant l'arrivée des Alliés, les Allemands avaient décidé de faire disparaître les déportés du camp de Neuengamme en les entassant à bord de paquebots-prisons qui devaient être coulés. Battant pavillon hitlérien, ceux-ci furent tragiquement bombardés et coulés par des avions de la Royal Air Force.

[54] Cité par Reviriégo, 2003, p. 443.

suite à sa demande du 1er mars 1944, de la vérification de situation de quatre personnes du voisinage, dont mon père. Pour lui, il est écrit que :

> Salomon André Raben [...] est bien israélite, la mention « Juif » est apposée sur sa carte d'identité et sa carte d'alimentation. L'intéressé réside toujours à Olivier, commune de St Vincent le Paluel.

Pour les autres personnes, on apprend que l'un est parti sans laisser d'adresse, l'autre bien que Juif possède une carte d'identité de non-Juif qui lui est retirée ; sa femme, dernière personne mentionnée, n'est pas juive. Les gendarmes de Sarlat, dont la zone d'activité était la campagne, vérifiaient ainsi les listes des Juifs qui y résidaient.

Rafle à Sarlat

Le 24 mars 1944, l'état-major allemand décide d'envoyer une division de la Wehrmacht en Dordogne, la division Brehmer, pour mâter les maquis, les communistes et la population qui les soutient. Cette division se livre à des opérations d'une grande sauvagerie du 27 mars au 2 avril : exécutions sur place, déportations, incendies de châteaux et de villages. La traque des Juifs est systématique et s'appuie le plus souvent sur « les listes préétablies et des auxiliaires dévoués » (Reviriégo, 2003, p. 230).

En ce qui concerne Sarlat, j'ai appris par le récit du principal M. Terrenq[55] ce qui se passait le vendredi 31 avril au collège La Boétie alors que mon frère et moi nous y suivions des cours. Le groupe de résistants du collège est averti qu'une colonne allemande qui vise surtout les Juifs est attendue pour le lendemain 1er avril à Sarlat. Il y a au collège de nombreux élèves juifs, les uns internes, inscrits sous des noms d'emprunt, les autres externes. Le Principal autorise un départ anticipé en vacances de Pâques le vendredi soir et fait passer l'information sur la rafle du lendemain aux familles juives des externes vivant en ville, à Sarlat. L'un des parents venu le voir le samedi matin pour vérifier le renseignement lui demande : « Où

[55] Voir Terrenq, *op. cit.* p. 98-99.

voulez-vous que j'aille ? » M. Terrenq lui répond : « Partez avec vos enfants ne serait-ce que dans un village voisin. » Cette personne découragée ne partit pas et fut arrêtée. Le Principal commente : « [...] il allait commencer le lendemain un voyage sans retour ».

Le samedi 1er avril, nous entamons tranquillement nos vacances à Lou-Prat alors qu'à Sarlat les évènements se précipitent. Les Allemands de la division Brehmer rentrent dans la ville vers 17 heures, se mettent en batterie devant notre collège et pénètrent ensuite dans la mairie. Roulland et Soulhié (1987, p. 108) citent le dialogue entre le maire J.-B. Delpeyrat et « un grand officier blond-roux encadré de trois hommes à mitraillettes » :

> - Beaucoup de Juifs ici ?
> - Il y en a eu. Beaucoup sont partis. Il en reste fort peu.
> - Avez-vous une liste ?
> - Non ! Cela est du ressort de la police nationale.

Et les auteurs ajoutent : « Mais ils avaient des noms et des adresses. »

Ce détachement se livre dans la nuit à l'arrestation de 38 Juifs y compris enfants et adolescents dont quelques uns sont des élèves externes du collège restés en ville malgré l'avertissement du Principal. La plupart seront déportés à Auschwitz par le convoi 71. Reviriégo (2003, p. 246) raconte :

> De 11 heures du soir à 2 heures du matin ils arrêtèrent les Juifs réfugiés dans la commune. [...]. Les malheureux [...] furent jetés dans des autos roulant silencieusement, phares éteints, mystérieusement [...]. Le lendemain on les entassa dans des camions...

Les élèves internes israélites, hébergés au collège sous des faux noms, ne furent pas inquiétés. Le comportement du Principal, du maire et de certains Sarladais a certainement limité l'ampleur de la rafle.

André se cache

Le 2 avril au matin, mes parents sont prévenus par Mariano Nombela de la rafle de la nuit à Sarlat. Ils envoient mon frère chercher des informations, à pied, par des sentiers détournés. En arrivant sur la place de La Bouquerie, à l'entrée de la ville, Jacques voit un attroupement de commerçants qui commentent les arrestations de la nuit. Dès que ces personnes l'aperçoivent, elles lui disent de repartir immédiatement à Lou-Prat et de prévenir son père d'une arrestation imminente. André part se cacher dans une grotte proche de la propriété de nos voisins, les Devier. Nous lui faisons passer des paniers-repas et des messages. Marie qui portait les paniers se souvient que cette grotte avait hébergé des animaux malodorants. André reste deux jours dans sa cachette, le temps que le détachement allemand quitte le Sarladais. Ma mère, Jacques et moi partons aussi nous cacher chez des amis aux Pechs, la famille Dubois.

Nous quittons le Sarladais

Mes parents ont à présent peur de rester dans la région où tant d'exactions viennent d'être commises. Mon père passe nous voir aux Pechs et décide d'aller à Paris se cacher chez Serge Roche, son seul ami non-juif prêt à prendre des risques pour l'héberger. Mon frère se souvient de l'avoir accompagné au train, à la gare de Sarlat, le 5 avril. Quant à nous, nous retournons à Lou Prat préparer quelques bagages et rejoignons, en train, André à Paris. Nous laissons Lou-Prat sous la garde de nos métayers espagnols. Josefa vient avec Marie coucher dans notre maison pour la garder. Les Nombela nous enverront des colis de nourriture à Paris. Ils prennent des risques car ils sont eux-mêmes vulnérables en tant que réfugiés espagnols. Ma mère nous a souvent répété que ce départ de Lou-Prat avait été une mauvaise décision car il semble que les Allemands ne soient pas allés, plus tard, arrêter les Juifs résidant dans la campagne sarladaise. À l'époque, qui pouvait le prévoir ?

Réfugiés à Paris

À Paris, nos parents sont logés chez Serge et Andrée Roche, 11, rue Las Cases, dans le VIIe arrondissement. Serge est devenu célèbre comme spécialiste de miroirs et créateur d'objets en glace ; il possède une galerie d'antiquaire, 279, rue Saint-Honoré. Il est toujours actif dans la Résistance, spécialisé dans le renseignement. Ses missions sont d'ordre topographique et logistique. Il dresse par exemple les plans de défense de Paris et relève les horaires des transports d'armement en péniche sur la Seine. Il imprime clandestinement dans les sous-sols de sa galerie le journal des FTP. Il cache chez lui des personnes recherchées et des aviateurs britanniques[56]. André ne reste qu'environ deux semaines chez ses amis Roche, comme nous le verrons plus tard. Par contre Dita profitera de leur hospitalité jusqu'à la libération de Paris.

Mon frère Jacques, moi-même et parfois notre mère sommes hébergés par nos amis Pierre et Renée Lelièvre, à proximité de l'appartement des Roche, au 37, rue Vaneau. Pierre a été muté en 1942 de Nantes à Paris où il a été nommé Directeur de la Bibliothèque d'Art et des Archives. Renée est professeur de lettres au lycée de filles Victor-Duruy.

Les enfants « Jorcano » en ville

Jacques et moi changeons de nom : au lieu de *Salomon*, nous prenons le nom de jeune fille de notre mère : *Jorcano*. Renée Lelièvre obtient mon admission dans son lycée et celle de Jacques au lycée Buffon sous nos faux noms. En classe, il m'arrive souvent de ne pas répondre au premier appel de mon nouveau nom. Mes professeurs devaient comprendre ma situation mais ils ne m'ont pas dénoncée. Mon frère a comme professeur de français Jacques Kosciusko, résistant, qui fait apprendre à ses élèves des poèmes d'Aragon. Jacques et moi devons nous adapter au changement brutal de vie entre la ferme où nous étions très libres et l'appartement où nous nous sentons comme

---

[56] Voir Mauriès, 2006 p. 51.

embrigadés. Les parents Lelièvre ont en effet établi des règles de vie strictes pour leurs cinq enfants. Nous devons tous participer aux travaux ménagers selon un tour de rôle affiché dans la cuisine. À table, tant que nous ne sommes pas en 6e, nous n'avons pas le droit à la parole et la moutarde nous est interdite, or j'adore la moutarde et je ne suis qu'en 7e !

Nous dormons, Jacques et moi, dans la *boutique*, une grande et impressionnante bibliothèque, au rez-de-chaussée, anciennement une boutique donnant sur la rue et assez sonore ; nous y entendons parfois, la nuit, le bruit inquiétant des bottes de soldats allemands patrouillant dans le quartier. Dans cette pièce, une porte dissimulée donne accès à un escalier tortueux qui mène à une cave. Les alertes aux bombardements sont fréquentes et nous descendons tous, alors, passer une partie de la nuit dans cette cave. Certains jours, tous les grands partent en vélo au ravitaillement dans des fermes en dehors de Paris. Ma camarade Nicole et moi, bien qu'âgées seulement de 11 ans, sommes parfois autorisées à nous promener seules en ville ; je me souviens qu'un jour, marchant vers le jardin des Tuileries, nous voyons passer un camion allemand d'où s'échappent des pommes de terre. Tous les enfants présents se précipitent, nous parvenons à en ramasser quelques-unes que nous rapportons fièrement à la maison. Il faut néanmoins reconnaître que malgré les alertes et les restrictions, nos amis Lelièvre continuent de mener une vie presque normale.

De temps en temps, nous rejoignons notre mère chez les Roche. Je suis très intimidée par l'atmosphère secrète et feutrée qui règne dans leur bel appartement. J'ai peur de casser les meubles et les objets fragiles en glace et d'aspect baroque exposés chez eux. Par contre, j'ai un bon souvenir du charmant M. Fratkin, dit Véber, d'origine russe, lui aussi caché par Serge.

La crainte des arrestations

Le 3 mai 1944, ma mère, prévoyant une aggravation de notre situation, se procure au commissariat général aux Questions juives de Paris mon certificat de non-appartenance à la race juive et celui de mon frère en produisant nos extraits d'acte de baptême obtenus à Perpignan en 1941. La loi s'est durcie depuis 1941, lors de l'obtention du certificat de Dita ; on relève l'addition d'un « avis très important » tamponné au verso :

> Ce certificat n'est plus valable au cas où son bénéficiaire épouse une personne juive. Dans les quinze jours qui suivront son mariage, le bénéficiaire doit obtenir pour son conjoint un certificat de non-appartenance à la race juive.

COMMISSARIAT GÉNÉRAL AUX QUESTIONS JUIVES

10064

CERTIFICAT

DE NON-APPARTENANCE A LA RACE JUIVE

Sur le vu des pièces produites par l'intéressé, le Commissaire Général aux Questions Juives constate que Melle Michèle Françoise Salomon né le 3 mai 1933 à Nantes (L. Inf.) ne doit pas être regardé comme juif aux termes de la loi du 2 juin 1941.

TRÈS IMPORTANT
Voir au Verso

Paris, le 3 mai 1944

AVIS TRÈS IMPORTANT

Ce certificat n'est plus valable au cas où son bénéficiaire épouse une personne Juive. Dans les quinze jours qui suivront son mariage, le bénéficiaire doit obtenir pour son conjoint un certificat de non appartenance à la race Juive.

Certificat de non-appartenance à la race juive de Michelle, recto-verso, 1944 (fonds familial).

Les arrestations sont continuelles à Paris à cette époque. Elles ont lieu en plein jour un peu partout et sont souvent effectuées au faciès. Mon frère qui va avoir 14 ans est très grand pour son âge et ma mère craint qu'il ne soit arrêté au cours d'une rafle. Elle l'oblige à sortir en culottes courtes dans Paris pour qu'il ait l'air plus jeune ! Comme il est circoncis, elle fait faire, par un chirurgien de Nantes qui l'avait opéré de l'appendicite en 1938, un certificat de « résection du prépuce » pour raisons médicales. Son amie Manuela Sandinha s'est chargée des démarches à Nantes

L'antisémitisme continue de plus belle : j'ai retrouvé dans nos archives deux journaux du 13 mai 1944, *Aujourd'hui* et *Paris-Soir*, contenant des commentaires parallèles très élogieux sur la nouvelle parution d'un important magazine antijuif : *Je vous Hais, le péril juif par le texte et l'image*, édité par le Bureau de Central de Presse. Ce magazine « réunit documents incomparables et découvertes sensationnelles sur toute la juiverie qui rongeait la France ».

André dans la Sarthe

Le 28 avril à 10 heures du matin, Jacques et Dita accompagnent André à la gare Montparnasse. Mon frère, qui assistait à cette séparation et voyait alors son père pour la dernière fois, en garde un souvenir douloureux.

André part dans la Sarthe sous son faux nom, *André Robert Saurin*. Une relation professionnelle de ma mère lui avait trouvé un petit hôtel de campagne, l'hôtel *Dreux* à Lamnay. Avant son départ, il avait longuement discuté avec son hôte Serge Roche, officier de renseignement dans la Résistance. Mon père devait bien savoir que la Sarthe à cette époque n'était pas un refuge tranquille. On sait aujourd'hui, par exemple, que la 130e division d'instruction blindée allemande était dispersée et camouflée dans la région en prévision du débarquement allié ; son état-major était à Nogent-le-Rotrou, pas très loin de Lamnay. Jacques Chesnier[57] a écrit récemment à propos de la Sarthe, pour la période allant de 1943 au débarquement du 6 juin

[57] Dans : *La Répression de la Résistance par les autorités de l'occupation et le régime de Vichy*, novembre 2010, CDDP72.

1944 : « Pour les Résistants, [...] la préparation du débarquement est entrée en phase active d'où une augmentation du nombre de sabotages en tous genres, la recherche de renseignements. » Les Allemands ripostaient en arrêtant de nombreux résistants.

André est-il parti pour se cacher, pour rechercher des renseignements sur les mouvements des troupes allemandes, ou avec ce double objectif ? Serge Roche disait qu'André avait participé à la recherche de renseignements qui avaient permis la destruction par les Alliés de péniches convoyant des chars télécommandés Goliath sur la Seine. Quoiqu'il en soit, il est certain que sa présence chez les Roche entraînait pour eux un risque supplémentaire d'arrestation.

Ma mère a conservé la correspondance de mon père durant son court séjour à Lamnay du 28 avril au 11 mai 1944. Elle a pu aussi récupérer, après son arrestation, le courrier que nous lui avions envoyé à son hôtel.

Dans ses lettres des 7 et 8 mai, Dita essaye de rassurer André sur notre vie à Paris partagée entre les deux familles Roche et Lelièvre : elle détaille une réception de dix-sept personnes chez les Lelièvre et décrit un concert de musique espagnole auquel elle assiste avec Andrée Roche. Elle s'attend à une visite d'André, mais n'en connaît pas la date exacte. J'écris moi-même à mon père le 7 mai : je regrette son absence le jour de mon anniversaire le 3 mai et lui décris les cadeaux que les deux familles m'ont offerts très gentiment. Je suis optimiste pour mon examen de passage en 6e, le DEPP[58], prévu le 13 mai suivant. Jacques lui écrit aussi ; il parle de ses ennuis scolaires et lui fait part de son inquiétude devant les alertes à répétition, trois en quelques heures ce jour-là.

Du côté d'André, j'ai retrouvé cinq lettres écrites depuis l'hôtel *Dreux,* du dimanche 30 avril au mardi 9 mai. Il y décrit sa chambre trop étroite, ses repas abondants pour l'époque, sa recherche de ravitaillement à nous expédier (beurre, œufs). Il fait de longues marches et admire les vertes prairies où paissent des animaux qui se comparent avantageusement à Lisette et Pompon. Il parle du

[58] Diplôme d'études primaires préparatoires.

passage incessant d'avions, de l'illumination du ciel par les bombardements mais s'inquiète pour nous. Ces lettres sont parfois difficiles à interpréter. Il donne, par exemple, des nouvelles d'une maladie de cœur, pour moi inconnue, qui l'aurait forcé à partir en cure. Il dit qu'il travaille l'espagnol, mais je pense qu'il s'agit de l'anglais.

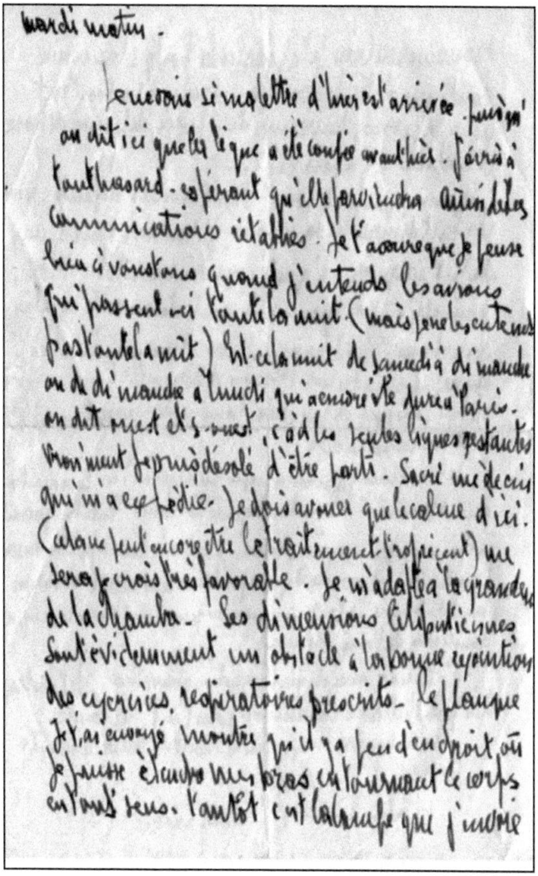

Mardi matin.

Je ne sais si ma lettre d'hier est arrivée puisqu'on dit ici que la ligne a été coupée avant hier. J'écris à tout hasard, espérant qu'elle parviendra aussitôt les communications rétablies. Je t'assure que je pense bien à vous tous quand j'entends les avions qui passent ici toute la nuit (mais je ne les entends pas toute la nuit). Est-ce la nuit de samedi à dimanche ou de dimanche à lundi qu'a eu lieu [illegible] Paris. On dit nord et s-ouest, c.à.d. les seules lignes restantes. Vraiment je suis désolé d'être parti. Sacré médecin qui m'a expédié. Je dois avouer que le calme d'ici (cela peut encore être le traitement le plus efficace) me sera je crois très favorable. Je m'adapte à la grandeur de la chambre. Ses dimensions lilliputiennes sont évidemment un obstacle à la bonne exécution des exercices respiratoires prescrits. [illegible] je t'ai envoyé montre qu'il y a peu d'endroit où je puisse étendre mes bras en tournant le corps en tous sens. Tantôt c'est la [illegible] que j'[illegible]

Début de la lettre d'André du 2 mai 1944
écrite de l'hôtel Dreux, Lamnay (fonds familial)

Le 9 mai, il prévoit de nous rendre visite à Paris, mais attend de pouvoir nous apporter « un bon repas » :

s'agissait-il de renseignements qu'il espérait obtenir de soldats allemands le 10 mai ? Finalement, la visite prévue pour le 11 mai n'aura jamais lieu car mon père sera arrêté le jour même où il devait nous rejoindre à Paris. Le 17 mai je lui écris encore, je m'étonne de ne pas avoir de ses nouvelles et lui annonce ma réussite au DEPP. Ma mère était déjà au courant de son arrestation, mais elle me l'avait cachée.

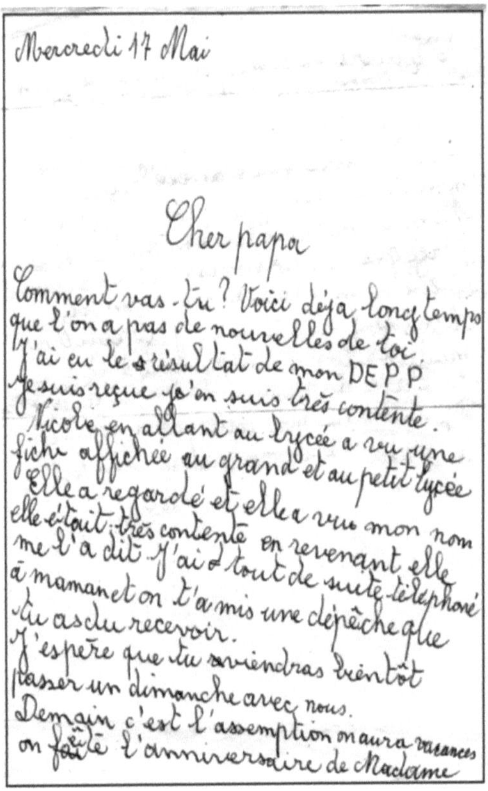

Mercredi 17 Mai

Cher papa

Comment vas-tu ? Voici déja longtemps
que l'on a pas de nouvelles de toi
J'ai eu le résultat de mon DEPP
Je suis reçue j'en suis très contente.
Nicole en allant au lycée a vu une
fiche affichée au grand et au petit lycée
Elle a regardé et elle a vu mon nom
elle était très contente en revenant elle
me l'a dit. J'ai tout de suite téléphoné
à maman et on t'a mis une dépêche que
tu as du recevoir.
J'espère que tu viendras bientôt
passer un dimanche avec nous.
Demain c'est l'assemption on aura vacances
on fête l'anniversaire de Madame

Début de la lettre de Michelle annonçant à son père, dont elle ignore l'arrestation, sa réussite au DEPP, 17 mai 1944 (fonds familial).

L'arrestation

Mon père est arrêté par la gendarmerie allemande dans la nuit du 10 au 11 mai 1944, à 2 heures du matin, à l'hôtel *Dreux* de Lamnay où il s'était installé sous son faux nom André Saurin. Mme Dreux, propriétaire de l'hôtel, a rapporté à ma mère :

> M. Saurin a été arrêté à la suite d'une conversation avec un sous-officier allemand qui s'est vanté le lendemain d'avoir touché une forte prime pour l'avoir signalé.

Deux notices officielles sur l'arrestation de mon père ont été retrouvées aux Archives départementales du Mans. La première, datée du 16 mai, est une annonce de transmission par le sous-préfet de Mamers au préfet de la Sarthe d'une notice concernant « M. Saurin André, demeurant à Paris, 29 rue Marbeuf[59], pensionnaire à l'hôtel *Dreux*, à Lamnay, arrêté le 11 mai 1944 par la Police de Sûreté allemande » ; la seconde est une fiche du 19 mai provenant de la Commune de Lamnay avec en titre : « Arrestations de Citoyens Français par les Autorités allemandes. » Cette fiche rajoute le motif de l'arrestation : « vraisemblablement pour indiscrétion » et mentionne qu'une autorité française est intervenue, le Préfet, en date du 19 mai, et ajoute que les renseignements concernant la naissance d'André « n'ont pu être recueillis, la fiche de voyageur établie par l'intéressé ayant été saisie par les autorités allemandes lors de son arrestation ».

J'ai pu connaître davantage de détails sur les modalités de l'arrestation de mon père grâce à trois autres documents conservés au Bureau des Archives des Victimes des Conflits Contemporains à Caen (BAVCC).

Le premier document est une attestation d'appartenance d'André Salomon au mouvement de Résistance FN, *Front National de Lutte pour la Libération*. Rédigée après-guerre en 1950, cette attestation évoque les

[59] Mon père avait donné une fausse adresse : 29, rue Marbeuf, à Paris, celle d'une amie dite Hélène, dont je reparlerai. Cette adresse leur servait de boîte aux lettres.

conditions de son arrestation. Le deuxième document, établi en 1952, provient du Mans sans indication du service d'origine ; il relate le témoignage originel de Mme Dreux :

> M. Saurin a été arrêté le 11 mai à 2 h 30 par la *Feldgendarmerie* qui était cantonnée à Mamers [...]. Dans cet hôtel, se trouvaient également des officiers allemands avec lesquels il lui arrivait parfois de converser [...]. Le motif de l'arrestation de M. Saurin est ignoré, toutefois il pourrait être consécutif à sa confession israélite et peut-être aussi parce qu'il s'intéressait aux mouvements et effectifs des troupes allemandes cantonnées dans la région de Lamnay. Il est possible également que ses conversations avec les allemands qui se trouvaient dans le même hôtel que lui, n'aient pas été prudentes. D'autre part, Mr Saurin détenait, paraît-il, dans sa chambre, des livres écrits en langue anglaise qui présentaient une certaine ressemblance avec un code secret et qui ont été saisis lors de son arrestation.

Le troisième document, arrivé récemment à Caen, est le registre d'écrou d'une prison du Mans dont le nom n'est pas précisé. Il est rédigé en allemand et confirme qu'André a été arrêté à 2 heures du matin la nuit du 10 au 11 mai par la GFP[60], la Sûreté militaire allemande. Le motif de l'arrestation est : *Spi*[61] *Verdacht*, que l'on peut traduire par « soupçonné d'espionnage ». Les personnes répertoriées avec des numéros voisins de celui de mon père ont été arrêtées par le SD avec pour motif : *Wi.*[62] *Gruppe*, groupe de résistant.

À la lecture de ces documents, il me semble donc probable que l'une des raisons du séjour de mon père dans la Sarthe ait été une action de renseignement en liaison avec l'activité de Serge Roche, dans le cadre de la Résistance.

---

[60] *Geheime Feld Polizei*, la Sûreté allemande aux armées, spécialisée dans la répression de la Résistance.
[61] Abréviation de *Spionage*.
[62] Abréviation de *Widerstandsfähig*, résistant.

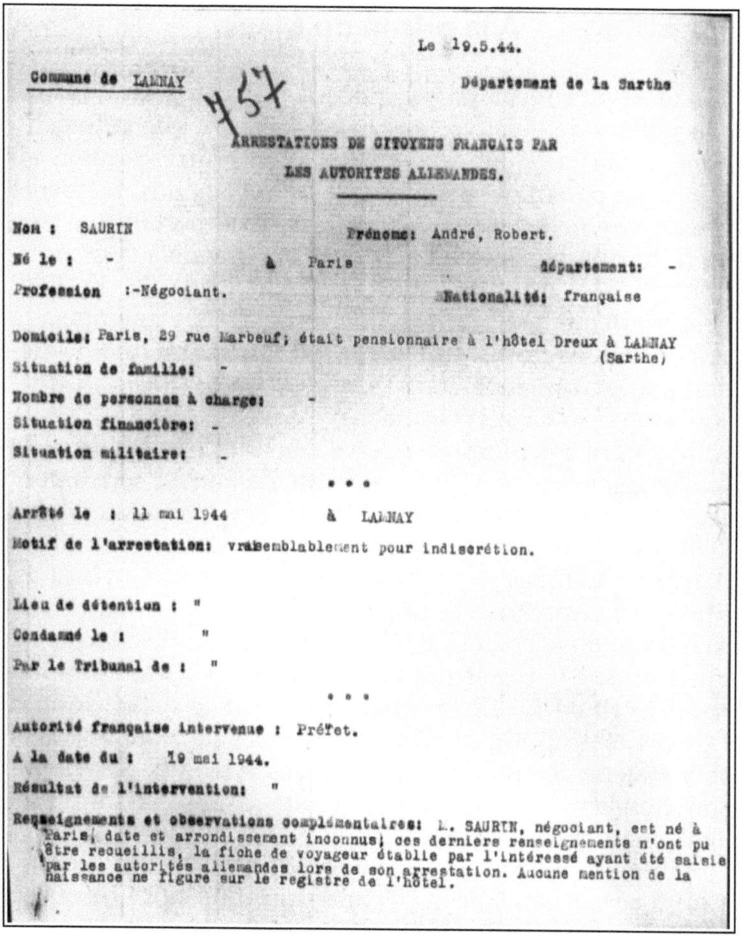

Le 19.5.44.

Commune de LAMNAY

Département de la Sarthe

757

ARRESTATIONS DE CITOYENS FRANCAIS PAR LES AUTORITES ALLEMANDES.

Nom : SAURIN

Prénoms: André, Robert.

Né le : -

à Paris

département: -

Profession :-Négociant.

Nationalité: française

Domicile: Paris, 29 rue Marbeuf; était pensionnaire à l'hôtel Dreux à LAMNAY (Sarthe)

Situation de famille: -

Nombre de personnes à charge: -

Situation financière: -

Situation militaire: -

* * *

Arrêté le : 11 mai 1944 à LAMNAY

Motif de l'arrestation: vraisemblablement pour indiscrétion.

Lieu de détention : "

Condamné le : "

Par le Tribunal de : "

* * *

Autorité française intervenue : Préfet.

A la date du : 19 mai 1944.

Résultat de l'intervention: "

Renseignements et observations complémentaires: M. SAURIN, négociant, est né à Paris; date et arrondissement inconnus; ces derniers renseignements n'ont pu être recueillis, la fiche de voyageur établie par l'intéressé ayant été saisie par les autorités allemandes lors de son arrestation. Aucune mention de la naissance ne figure sur le registre de l'hôtel.

Arrestation d'André Saurin, notifiée par la commune de Lamnay, adressée à la préfecture de la Sarthe par la sous-préfecture de Mamers, 19 mai 1944.
(Archives départementales de la Sarthe, 2000 W 153)

À la prison du Mans

J'ai appris récemment, grâce à des contacts avec des spécialistes de l'histoire de la Résistance[63] et de la Shoah[64] dans la Sarthe, quels étaient les lieux d'incarcération au Mans des personnes arrêtées par les Allemands. La vieille prison originelle, rue du Vert-Galant, comportait une partie française mais aussi une partie allemande à la disposition du GFP qui, en 1944, dépendait de la SS. Le GFP avait également, à partir de février 1944, une antenne à la prison des Archives située rue de la Poudrière[65]. Sa dénomination officielle était *Kriegswehrmachthaftanstalt* (Prison de guerre de la Wehrmacht).

Ma mère a écrit après-guerre dans des papiers officiels qu'André, arrêté le 11 mai, est resté détenu au secret pendant trois semaines sur les six de son séjour au Mans. D'après ses récits et des échanges de courriers trouvés dans nos archives je présume qu'André, à son arrivée au Mans, est incarcéré à la prison du Vert Galant pour interrogatoire. Il est ensuite transféré à la prison des Archives. En effet, sur le registre d'écrou précité, il porte le numéro 237, cellule 43. Le spécialiste de la Résistance Joseph Estèves m'a appris que les prisonniers de numéros voisins étaient détenus à la prison des Archives. L'avis de son transfert vers Compiègne, cité ci-dessous, indique également qu'il a quitté la prison des Archives.

Ma mère nous a aussi rapporté que, dès son arrivée, André se déclara Juif et déclina son vrai nom. Effectivement, sur le registre d'écrou, il est inscrit sous le nom *Salomon,* de « nationalité » juive (*Jude*) et non sous son faux nom *Saurin*. Il est signalé de profession « commerçant (*Kaufmann*) ».

[63] Éric Goisedieu, auteur de *La Prison des Archives au Mans du 22 février au 8 août 44,* et Joseph Estèves, auteur de *200 Figures de la Résistance et de la Déportation en Sarthe,* éd. AERIS ; voir aussi Jacques Chénier, note 57.

[64] Yves Moreau auteur du site : http://lesdeportesdesarthe.wordpress.com.

[65] Actuellement rue des Résistants internés.

J'ai reconstitué plus précisément la vie de mon père au Mans grâce aux échanges de courrier entre Dita et une personne nommée Hélène que mes parents avaient rencontrée à Sarlat et retrouvée à Paris. Hélène avait fait part à ma mère de ses excellentes relations (peut-être intimes ?) avec les occupants. Elle s'en servait pour rendre des services à ses amis, en contrepartie de contribution financière. Dès l'internement de mon père, Dita sollicite l'intervention d'Hélène auprès d'officiers allemands au Mans et lui paye un séjour dans cette ville pour s'occuper d'André. Sa pension se monte à 55 francs par jour. Grâce à Hélène, Dita a pu rendre une visite à André au début de son incarcération à la prison du Vert-Galant et recevoir une lettre de lui par la suite.

La dernière entrevue

Ma mère m'a raconté cette tragique et dernière entrevue avec mon père. À la prison, où elle est attendue, elle demande à voir M. Saurin. On lui apprend que ce n'est pas monsieur *Saurin* qu'elle vient voir mais monsieur *Salomon*. Elle en est stupéfaite et consternée. On lui amène le prisonnier dans un couloir. Je ne sais ce qu'ils se dirent dans cette courte entrevue mais, quand on ramena André dans sa cellule, ma mère pressentit une suite tragique et, bouleversée, s'évanouit pour la première fois de sa vie. Plus tard, elle m'a fait part de sa honte d'avoir alors été secourue par un soldat allemand.

Le courrier d'Hélène

Par l'intermédiaire d'Hélène, mon père bénéficie de faveurs spéciales : Hélène lui fait passer des vivres et des objets utiles ; elle nous donne de ses nouvelles et rend compte de ses propres démarches dans des billets qu'elle fait porter à Paris. Elle utilise un langage codé : André devient « Andrée », sœur d'Hélène ; « Andrée » a été « opérée », la prison est une « clinique », le geôlier est le « mari d'Andrée » ; le personnage influent allemand avec lequel Hélène a des contacts et dîne parfois le soir est « son ami chirurgien d'Andrée » ; elle le rémunère en lui étant « reconnaissante ».

Le premier billet d'Hélène est non daté, mais il a été écrit plus de trois semaines après l'arrestation, donc vers le début du mois de juin. Il est rédigé au crayon :

> Notre malade va assez bien, elle vient de changer de clinique. Celle-ci est assez loin de mon hôtel, cependant chaque jour j'ai de bonnes nouvelles. Cet établissement est beaucoup plus soigné tant au point de vue nourriture qu'hygiène et soins (moderne) [...]. La voyageuse de l'autre jour a pu avoir son mari le lendemain, je suis contente pour elle, la blessure était moins grave. Cependant, ma chère Dita, il faut penser que son opération aurait pu être très compliquée, des mains expertes l'ont soulagée et ça j'en serai très reconnaissante au chirurgien.

On comprend que le message annonce à ma mère le transfert d'André et explique qu'il n'a pu être libéré, contrairement au mari d'une autre « voyageuse » Il s'agit probablement d'une autre cliente d'Hélène que ma mère a dû rencontrer lors de sa visite et dont le mari a été libéré. D'après ces lignes on peut penser que si mon père a pu échapper à la torture et changer de prison pour avoir des conditions d'incarcération moins sévères, c'est grâce à l'intervention de l'ami allemand d'Hélène, intervention qui a dû coûter très cher...

Hélène explique dans une autre lettre qu'elle a choisi, au début de son séjour, de résider à *l'hôtel du Chalet*, rue du Vert-Galant, en raison de sa proximité avec le lieu de détention d'André, la prison du Vert-Galant. Elle a ensuite dû changer d'hôtel pour se rapprocher de lui quand il a été transféré dans une autre prison, celle des Archives. Elle devait savoir que ma mère faisait parallèlement des démarches auprès du nonce apostolique à Vichy car elle ajoute : « Et Vichy ? Faites au plus vite. »

Dans un autre billet, elle s'inquiète :

> Je vous demande toute discrétion sur ce courrier que nous devons ignorer complètement (jalousie de son mari). [...]. Surtout ma chère Dita je vous demande d'être solide, notre malade a meilleur moral que vous [...].

Elle cherche aussi à augmenter son chiffre d'affaires car elle termine par : « Si vous voyez quelques clients, pensez à moi ! »

La dernière lettre d'André

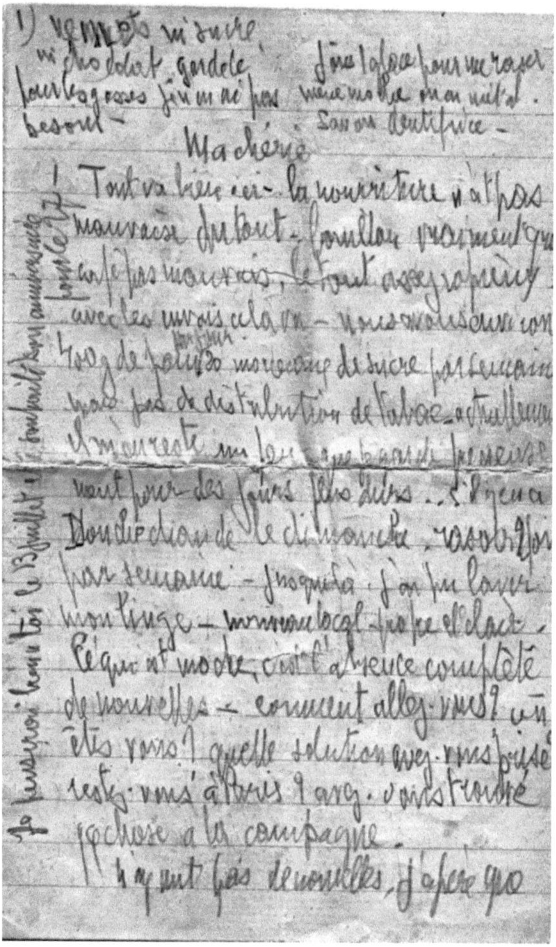

Hélène réussit à nous faire parvenir à Paris une longue lettre d'André, non datée mais rédigée probablement fin juin, vers la fin de son séjour au Mans. Il ne semble pas au courant du débarquement de Normandie du 6 juin. La lettre est écrite au crayon sur des petits morceaux de papier, avec une partie adressée à chacun d'entre nous.

Dans le billet pour Jacques, André s'enquiert de ses résultats scolaires et ajoute : « J'espère que tous deux êtes bien gentils, aimables avec votre maman et que vous lui rendez tous les services que vous pouvez. » Il termine en lui souhaitant déjà son anniversaire : « Je te souhaite un bon 16 juillet mon grand garçon de 14 ans. »

Dans le mien, mon père me félicite de mon succès au DEPP : « Je suis très fier de toi, car tu n'avais pas eu avant ton examen une période bien favorable à sa préparation. » J'ai eu mon résultat d'examen le 17 mai, je ne sais pas comment il en avait été informé dans sa prison, sans doute par ma mère lors de sa visite ?

Pour ma mère, il décrit plus longuement ses conditions de vie :

> La nourriture n'est pas mauvaise du tout, bouillon vraiment gras, café pas mauvais, le tout assez copieux – Avec les envois, cela va – nous avons environ 400 g de pain par jour, 20 morceaux de sucre par semaine mais pas de distribution de tabac [...]. Je ne te dis pas que mon aptitude à tout bouffer ne me sert pas ici, mais c'est bien meilleur que la baccade[66] que j'attendais.

Hélène lui a déjà fait passer un panier de nourriture qu'il partage avec ses codétenus :

> J'ose dire que trois bons amis se joignent à moi pour te féliciter sur la qualité vraiment sensationnelle de tes fabrications[67] – une poitrine de canard fort délicieuse et un rôti de porc – et pendant 10 jours 1 cuiller par personne et par repas de la délicieuse graisse à transformer les soupes, d'ailleurs pas mauvaises du tout.

Il a bon moral, il demande aussi une gomme : « Je m'amuse à dessiner la tête de mes co-pensionnaires qui

---

[66] Soupe à base de pommes de terre, destinée aux cochons.

[67] Il s'agit des conserves, préparées à Lou-Prat, envoyées à Paris par Mme Nombela.

sont heureux de se voir si beaux. » Il n'a cependant reçu aucune nouvelle et s'inquiète pour nous :

> Ce qui est moche, c'est l'absence complète de nouvelles – comment allez-vous ? Où êtes-vous ? Quelle solution avez-vous prise ? Restez-vous à Paris ? Avez-vous trouvé quelque chose à la campagne ? [...]. J'espère que Paris n'a pas été bombardé [...]. J'espère que vous n'avez pas eu de visite. J'ai oublié de demander à Jacques si lui aussi a obtenu... son certificat[68].

On comprend en lisant cette lettre qu'il sent que son départ en Allemagne est proche. Il croit qu'il s'agit d'un camp de prisonniers ordinaire car il demande qu'on lui procure :

> [...] une petite valise de 60 cm ou petit sac en toile pour conserver ce qui peut se conserver longtemps, peut-être en aurai-je besoin plus tard [...]. Excellente idée que le sac de couchage, si j'allais du côté de chez Gérard[69] il me serait bien plus utile qu'une couverture [...]. Pour parfaire mon barda tu pourrais mettre 1 ou 2 assiettes galatite[70] ou métal, une timbale ou verre galatite, enveloppe et bloc blanc, pierres à briquet, du bon amadou [...]. Joins la glace pour me raser, même moche ou en métal, savon dentifrice.

Il se préoccupe aussi de faire des réserves alimentaires, en demandant « de quoi tartiner, pâté, rillettes, fromage ou beurre ». Il ajoute en note : « Ne mets ni sucre ni chocolat, garde-les pour les gosses, je n'en ai pas besoin. »

André doit craindre de ne plus pouvoir communiquer avec nous, car il dit à Dita qu'il pensera en juillet à leur anniversaire de mariage et lui souhaite par anticipation son anniversaire : « Je penserai bien à toi le 13 juillet et te souhaite bon anniversaire pour le 27. »

À la fin de sa lettre, mon père évoque la visite que lui a faite ma mère à la première prison : « Tu sais, je

[68] Le certificat attestant la raison médicale de sa circoncision.
[69] Son cousin qui a été déporté à Auschwitz le 27 mars précédent.
[70] Ou galalithe, matière plastique obtenue à partir des protéines du lait.

m'attendais si peu à te voir l'autre jour que je n'ai su que t'embrasser… »

Pourquoi s'être déclaré Juif ?

Au début de son incarcération, André s'est déclaré Juif alors qu'il disposait de vrais faux papiers. Pourquoi ? Pensait-il encore être protégé par Vichy en tant qu'officier, ancien combattant décoré de la Grande Guerre, ou par le fait que sa femme et ses enfants étaient dits « aryens » ? A-t-il craint d'être questionné et torturé en tant que résistant ? Je penche aujourd'hui pour cette dernière hypothèse. J'ai récemment lu le récit de l'arrestation d'un résistant déporté par le même convoi que mon père, Sylvain Caen (Dossin & Thomas, 2010, p. 59) :

> [...] emmené au siège de la Gestapo d'Annecy […] il déclare s'être muni de faux papiers parce que Juif. Il craint avant tout que l'on découvre ses activités de résistant. Les tortures infligées aux maquisards de Haute-Savoie, les exécutions sommaires sont bien connues des résistants de cette région. Il dit avoir été : *presque soulagé le jour où l'on m'emmena à Drancy. Évidemment, j'ignorais encore ce qui m'attendait.*

La situation de mon père était assez similaire ; il connaissait le sort tragique réservé aux maquisards arrêtés en Dordogne et, en lisant sa lettre de la prison, on comprend qu'il n'imaginait pas, lui non plus, ce qui se passait dans les camps.

Démarches parallèles

Dans le même temps, ma mère multiplie les démarches en essayant de faire intervenir diverses personnalités pour empêcher la déportation de son mari.

Faisant valoir ses origines espagnoles, Dita obtient le 27 mai du président du comité France-Espagne, M. Bouvier, une lettre d'introduction auprès du consul général d'Espagne en France. Le Consul lui délivre, le 30 mai, un certificat sur lequel il « prie les autorités compétentes de bien vouloir sauvegarder ses intérêts ».

Dita envoie le 9 juin une longue lettre au nonce apostolique à Vichy, Mgr Valerio Valeri[71], dont elle conserve le brouillon. Elle lui rappelle tous les services rendus à l'église catholique par son père, le zouave pontifical Jorcano, et lui expose la situation de son mari, Juif d'origine, prisonnier au Mans. Elle termine par cette requête :

> Nous n'osons formuler le vœu d'une complète libération ; ne serait-il pas possible au moins d'obtenir qu'on assigne à mon mari une résidence surveillée ? Nous mettons mes enfants et moi tout notre espoir en vous, Monseigneur.

Je pense qu'il y a eu une réponse du Nonce, dont je ne connais pas la teneur, car j'ai retrouvé une enveloppe vide adressée à Mme Jorcano Salomon, 37, rue Vaneau à Paris portant le cachet de Vichy et datée du 23 juin.

Ma mère avait aussi raconté à mon frère qu'elle avait rencontré le 26 juin à Paris, jour de la libération de Cherbourg par les troupes alliées, une collaborationniste madame D, amie intime d'officiers allemands haut placés, qu'elle avait connue par l'intermédiaire de son ami nantais monsieur L. Madame D est en larmes, inquiète sans doute pour son propre avenir ; elle demande une forte somme d'argent pour faire libérer mon père. D'après mon frère, ma mère lui fait transmettre 500 000 francs[72] par le même intermédiaire.

Toutes ces démarches sont restées vaines.

Du Mans vers Auschwitz

Sur le registre d'écrou de la prison du Mans, le départ d'André est indiqué à la date du 26 juin 1944, à cinq heures du matin avec comme destination Paris (*nach Paris überführt*). Nous avons retrouvé aux Archives du Mans l'avis de transfert[73] émanant de la *Kriegswehrmachthaftanstalt* du Mans (la prison des Archives) adressé au

---

[71] Le Nonce avait tenté de protester en août 42 contre les déportations des Juifs auprès du Maréchal Pétain et de Pierre Laval.

[72] Correspondant à 90 000 € environ d'aujourd'hui.

[73] Document 2000 W 153.

Befehlshaber der Sicherheitspolizei und des SD. im Bereich des Militärbefehlshabers in Frankreich[74]. Cet avis précise également que M. Salomon André, numéro de détention 237/44, commerçant, de nationalité (*Nationalität*) juive, a quitté la prison du Mans le 26 juin 1944 à 5 heures du matin sur ordre du SD du Mans avec comme destination le camp d'internement *(Polizeihaftlager)* de Compiègne.

Billets jetés de l'autobus

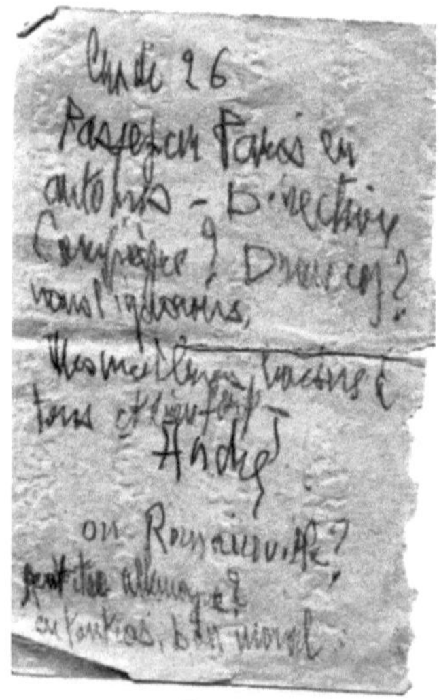

Ma mère a reçu et conservé deux billets griffonnés au crayon, tous deux datés du 26 juin, que mon père a jetés par la fenêtre d'un autobus en traversant Paris. Ils sont adressés à chacun de nos hôtes parisiens. Le premier message a été introduit dans une enveloppe sur laquelle André a lui-même écrit l'adresse « Lelièvre 37, rue Vaneau (7ème), Paris. » Ce mot a été ramassé par un passant et posté à 17 h 30 à Paris XIXe :

> Lundi 26 passe par Paris en autobus. Direction Compiègne ? Drancy ? Nous l'ignorons. Mes meilleurs baisers à tous et bien fort. André

[74] Commandant de la police de Sécurité et du SD en charge du commandement militaire en France.

Au bas du billet, il ajoute :

> Ou Romainville ? Peut-être Allemagne ? En tout cas, bon moral

Le second mot, sans enveloppe, mentionne au recto le destinataire : « S. Roche, 11, rue Las Cases Paris », ainsi que : « téléphone ? Numéro dans annuaire ». Il a probablement été remis, après appel téléphonique chez Serge, par la personne qui l'a ramassé, car sous l'adresse, d'une écriture différente, on lit : « Invalide-78-38 », le numéro des Roche. Son texte au verso est peu différent de celui du premier message :

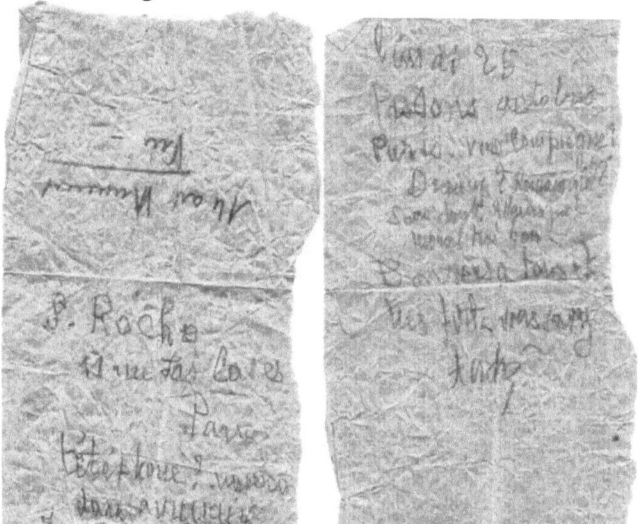

> Lundi 26 Passons autobus Paris – vers Compiègne ? Drancy ? Romainville ? Sans doute Allemagne ? Moral très bon Baisers à tous et très fort – vous savez – André

Mon frère m'a révélé récemment qu'un troisième mot lui avait été adressé personnellement sur lequel notre père lui demandait de prendre bien soin de sa mère et de sa sœur. Jacques allait avoir 14 ans à l'époque ; il a été profondément marqué par ce billet, aujourd'hui détruit.

Dernières lettres d'Hélène

Cinq jours plus tard, Dita reçoit encore deux lettres d'Hélène ; l'une est datée du mercredi 28 juin, alors qu'André n'est plus à la prison du Mans depuis 48 heures, ce qu'Hélène ignore. Elle dit venir de porter à sa « sœur » un gros paquet de ravitaillement (les geôliers ont dû en profiter !) et ajoute :

> Avez-vous reçu la lettre de ma sœur ? […]. Vous pouvez me faire parvenir un mot assez court pour Andrée (je lui ferai parvenir sans que son mari le sache, autrement ce serait une catastrophe). Mon ami est un homme très chic et lui remettra discrètement […]. Si vous pouvez m'adresser un peu d'argent ceci me rendrait service – non pas que je sois complètement démunie il me reste environ 2 500 francs.

Dans sa dernière lettre, datant probablement du jeudi 29 juin, Hélène dit qu'elle a appris le mercredi soir (sans doute par « le chirurgien ») que sa « sœur » était partie sans laisser d'adresse et que Dita aurait « un coup de téléphone d'un bon camarade qui lui donnerait quelques détails ».

Drancy

Je ne sais pas si mon père est passé par le camp de Compiègne, mais je sais qu'il est arrivé à Drancy le même jour que celui de son départ du Mans, le 26 juin 1944. Sa fiche de Drancy qui indique sa date d'arrivée porte le numéro 24494, signale qu'il est de nationalité française d'origine (*FO*) et non plus « juive », comme sur l'avis de transfert allemand et donne notre adresse parisienne, rue Vaneau, et non plus sa fausse adresse de la rue Marbeuf. Au recto figurent les lettres *CA*, Conjoint Aryen, et *M2E,* marié deux enfants. Au verso, en plus de *CA*, on lit le nom, la date et le lieu de naissance de ma mère en Espagne.

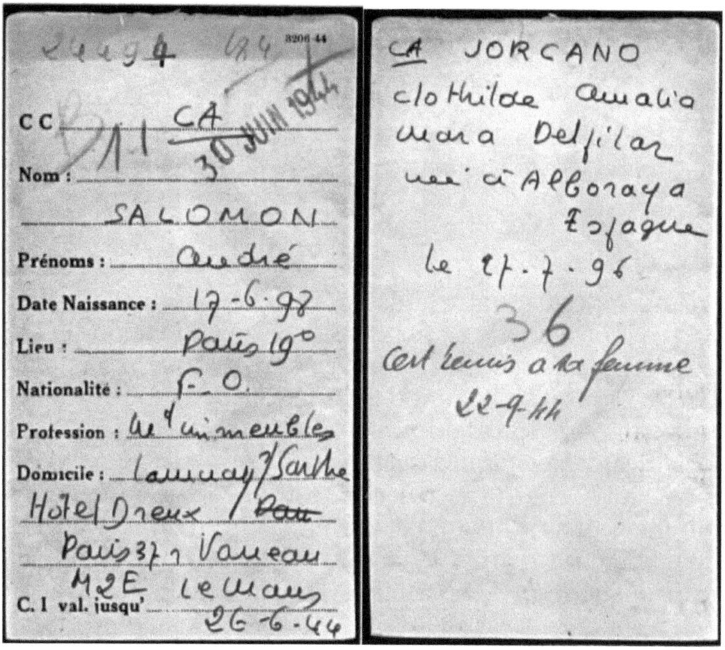
CC CA 30 JUIN 1944
Nom : SALOMON
Prénoms : André
Date Naissance : 17-6-98
Lieu : Paris 19e
Nationalité : F. O.
Profession :
Domicile : Launay / Sarthe
Hotel Dreux
Paris 37 r Vaneau
M2E Le Mans
C. I val. jusqu' 26-6-44

CA JORCANO
Clothilde Amalia
Maria Del Pilar
née à Alboraya
Espagne
le 27-7-96
36
Cert remis à sa femme
22-9-44

Fiche d'internement d'André à Drancy (recto-verso)
(Archives nationales Paris, F/9/5726/4)

Des rescapés des camps ont décrit en détail la vie à Drancy en juin 1944 (Dossin & Thomas, 2010). Claude Hirsch (2005, p. 51) précise :

> Les bâtiments inachevés étaient en béton brut de décoffrage […]. Les bâtiments formaient […] un rectangle entouré d'une vaste cour intérieure ornée d'un rond-point central où poussait un gazon pelé. […]. Nous ignorions et surtout nous n'imaginions pas ce qui nous attendait […]. Et il y avait Brunner[75], le commandant SS du camp : il se distrayait en menant à toute vitesse des courses effrénées au volant d'une traction avant Citroën dans la cour de la Résidence en faisant hurler les pneus. Il lui arri-

[75] Aloïs Brunner se réfugiera après la guerre en Syrie où il sera protégé et d'où il ne sera jamais extradé.

> vait aussi de tirer au fusil-mitrailleur sur des grenades disposées au centre du Rond-point.

Pierre Goltman (2011, p. 47) écrit :

> La vie à Drancy apparaîtra bien supportable, comparée à ce qui nous attend plus tard. Nous sommes gardés par des gendarmes français. Des détenus juifs, les MS, porteurs de brassards, assurent la police du camp.

André reste quatre jours à Drancy, jusqu'au 30 juin 1944, date à laquelle sa fiche indique qu'il est déporté. On saura plus tard qu'il est parti ce jour-là pour Auschwitz dans le convoi 76. Il vient d'avoir 46 ans.

Je suppose que l'administration de Drancy détenait aussi des copies de nos certificats de non-appartenance à la race juive car ma mère écrira plus tard sur des papiers administratifs : « la qualité "aryen" de sa femme et de ses enfants n'a pas empêché sa déportation ». Si de tels certificats avaient pu auparavant éviter la déportation, ce n'était plus le cas en juin 1944. Les Allemands multipliaient alors les déportations pour assurer le remplissage des trains ; nombre d'internés parisiens, époux d'aryens ou femmes et enfants de prisonniers de guerre, épargnés jusque-là, ont été déportés fin juin (Dossin & Thomas, 2010).

Départ vers Auschwitz

Le 30 juin 1944, les détenus du convoi 76 sont conduits en autobus de la CMP[76] (actuellement la RATP) vers la gare de Bobigny où ils sont entassés dans des wagons à bestiaux à destination d'Auschwitz. Pierre Goltman (2011, p. 60) fait remarquer que les autobus sont « conduits par leurs chauffeurs habituels, de braves gens sans aucun doute, qui participent en toute tranquillité à notre extermination de même que les cheminots qui conduisent les trains de déportés ».

---

[76] Compagnie du Métropolitain Parisien.

VI. Après la déportation d'André

Libération de Paris

Au cours de l'été 1944, nous restons à Paris, ma mère, mon frère et moi. Pour éviter de possibles ennuis à la famille Lelièvre, nous résidons tous les trois, rue Las Cases, chez les Roche, avec leurs autres amis cachés. L'insurrection du 19 au 24 aout précédant la libération de Paris m'a laissé des souvenirs marquants. Je n'ai pas le droit de sortir de l'appartement car notre quartier des ministères, en particulier la rue de Bourgogne, est le siège de barricades et de fusillades. Mon frère, lui, se souvient d'avoir été autorisé les derniers jours à aller sur les barricades de notre rue. Nous passons nos journées à écouter les nouvelles de l'avancée des troupes françaises et alliées.

Le 24 août, après 21 heures, toutes les cloches de Paris se mettent à sonner. Quelle joie ! J'entends encore ce fantastique vacarme. La libération a lieu le 25. Je peux enfin rejoindre mon amie Nicole Lelièvre et nous allons faire la queue devant les magasins de jouets qui s'étaient mis à vendre des petits drapeaux français. Le 26, nous assistons avec nos amis Roche et Lelièvre à la descente des Champs-Élysées par le général De Gaulle et au rassemblement de la place de la Concorde. Il y a là une foule immense, surexcitée, mais le rassemblement est rapidement interrompu par des tirs isolés. Dans l'affolement général, je me souviens d'avoir traversé le pont de la Concorde en rampant avec nos amis parisiens. Mon frère, lui, pour éviter les tirs, s'était caché sous un tank stationné sur la place de la Concorde. Arrivés à notre domicile, chez les Roche, nous sommes très inquiets de son retard, mais Jacques finit par rentrer. Nous sommes heureux, mais pensons continuellement à André absent.

L'attente

En septembre 1944, ma mère entreprend des démarches et essaye d'obtenir des nouvelles de son mari. Elle obtient un certificat d'internement à Drancy daté du 21 septembre, complété plus tard le 7 décembre par la mention précisant que M. Salomon n'est à ce jour pas rentré. Le 29 septembre, le Comité international de la Croix-Rouge qu'elle a sollicité, répond :

> Nous ne pouvons pour le moment ouvrir d'enquête à son sujet, les autorités allemandes se refusant à nous donner des renseignements sur les personnes d'origine israélite.

Elle désire alors rentrer dès que possible à Sarlat, notre dernière résidence et d'y attendre le retour éventuel de son mari. Elle obtient des autorités américaines une autorisation de circuler « sauf dans les zones de combat » valable du 3 au 10 octobre. Le voyage dure trois jours, dans un train lent et bondé qui s'arrête la nuit en gare de Châteauroux, puis de Limoges.

Le Sarladais meurtri

En juin 1944, alors que mon père est en prison au Mans, la région périgourdine est le lieu d'affrontements violents entre la Résistance et les Allemands. Ces combats sont décrits en détail par Penaud (1985), Roulland et Soulhié (1987) et Nessmann (1998). Après le débarquement du 6 juin 1944, les résistants de Sarlat s'insurgent. La ville se croit libérée, tout le monde pavoise et fête la Libération ; les autorités mises en place par Vichy sont remplacées par des résistants. L'euphorie ne dure pas, car le 8 juin la division allemande *Das Reich*, forte d'environ 20 000 hommes, traverse la région en remontant des environs de Montauban vers le front de Normandie. Cette division subit des assauts violents de la Résistance qui la retardent, mais qui entraîneront des représailles féroces sur la population, en particulier le massacre du 10 juin à Oradour-sur-Glane. Les Allemands confient alors le soin au régiment *SS Wilde* d'épurer la région de ses « terroristes ».

La répression est terrible et Sarlat est encerclé puis occupé les 26 et 27 juin. Finalement, la Dordogne ne sera proclamée libérée que le 25 août 1944, au même moment que Paris.

À Lou-Prat

Dès notre arrivée à Lou-Prat, nous sommes accueillis chaleureusement par nos voisins et les Nombela, tous profondément attristés par la déportation d'André. Nous apercevons au loin les ruines noircies du beau château de Paluel. Nous apprenons qu'il a été brûlé par des soldats du régiment *SS Wilde* qui avaient aussi mitraillé et tué le 26 juin un cultivateur, Jules Gaussinel, et un cycliste, Mario Pérusin, habitant le quartier de la Croix d'Alon à Sarlat, qui roulait sur la route en bas du château. Comme Mario était porteur d'une missive de la Résistance, les Allemands ont cru qu'il se rendait au château auquel ils mirent le feu[77]. L'incendie durera plusieurs jours. Notre voisine de Lou Prat, Mme Chanet, a témoigné :

> Le mercredi 28 juin 1944, Marie-Jesus[78] et Carmen, deux réfugiées espagnoles, viennent me dire à 10 heures du matin *Le château de Paluel brûle* ! Je les accompagne dans le pré derrière la grange où nous assistons à l'incendie. Il s'est consumé tout doucement avec une fumée noire. Vers 3 heures les toitures des tourelles s'étaient effondrées.

Ce jour-là, fut également fusillé un capitaine en retraite, Alphonse Henry, habitant de Saint-Vincent-le-Paluel, qui se trouvait sur le passage des SS.

Les Nombela ont eu eux aussi à faire face à des difficultés. Quelque temps après notre départ à Paris, les gendarmes étaient venus chercher Agapito pour le conduire, en travail forcé, à la poudrerie de Salbris (Loir-et-Cher). Il y avait été intoxiqué en manipulant des sacs de poudre. Il avait pu se faire libérer au bout de deux mois en tant que cultivateur. Josefa qui gardait notre maison nous a confié

---

[77] D'après Clotilde Nombela, secrétaire de mairie de Saint-Vincent-le-Paluel, communication personnelle.
[78] Mon amie Marie Nombela.

qu'elle était terrorisée la nuit par la crainte d'une arrestation et par le vacarme des avions qui parachutaient des armes au voisinage.

Josefa avait scrupuleusement protégé nos biens pendant notre absence et su garder nos secrets. Je m'étais toujours demandée comment mes parents avaient pu conserver de l'argent pendant la guerre ; Clarito me l'a raconté récemment :

> Un jour, en revenant des champs, je vois Mme Chanet en train de déterrer un petit coffre dissimulé sous une haie de sa propriété ; je me cache et l'observe : elle en examine le contenu et compte de l'argent et des pièces d'or. Je rentre chez moi et en parle à ma mère. Elle m'explique : « C'est le coffre des Salomon qu'ils ont confié aux Chanet à leur départ. »

Clarito n'en avait jamais parlé auparavant. Jacques se souvient effectivement d'avoir vu enterrer le coffre par Agapito et M. Chanet devant notre mère avant notre départ pour Paris. Il se souvient aussi de la présence de ce coffre dans notre voiture pendant l'exode et nos déplacements successifs ; moi, je n'avais rien remarqué. À notre retour de Paris, le contenu du petit coffre était intact.

En octobre, Marie, qui était partie travailler chez un particulier à Sarlat, revient chez nous à ma grande satisfaction ; sa bonne humeur atténue notre anxiété. Elle me tiendra compagnie pendant les nombreuses absences de ma mère. Jacques et moi reprenons notre scolarité au collège de Sarlat. Je passe un examen pour obtenir une bourse ; je me souviens du sujet de français : *Décrivez la libération de votre ville ou de votre village*, sujet facile pour moi qui ai assisté à la libération de Paris. J'obtiens une bourse de demi-pension qui me suivra durant toute ma scolarité.

Le Comité d'aide Sarladais

Georgette Nessmann, qui attend comme ma mère le retour de son mari, vient souvent nous rendre visite, à pied, de Sarlat, avec ses six enfants. Georgette et Dita décident d'agir pour les familles des victimes. Elles créent, le

27 octobre 1944, le Comité Sarladais d'aide aux Déportés et Victimes de la guerre, dont Georgette devient la présidente, M. Vial (ancien résistant et directeur-adjoint du collège) le vice-président et ma mère la secrétaire. Plusieurs autres bénévoles, parents de victimes, animent les commissions de déportés et fusillés. Ce Comité d'aide est placé sous le patronage du maire de Sarlat M. Arlet et de deux mouvements de Résistance, le FN et le MLN. La région de Sarlat, où la Résistance avait été très active, compte de nombreux fusillés, tués ou déportés. L'objectif du Comité est de soutenir les multiples familles de l'arrondissement touchées par la guerre, de leur apporter des secours, de dresser la liste des victimes et d'obtenir des informations sur les lieux de massacre, d'arrestation, de déportation ou d'internement.

Dita a investi beaucoup d'énergie dans l'activité du Comité. À la mi-décembre 1944, elle part en mission à Paris, au ministère des Prisonniers et Déportés, pour recevoir les instructions « concernant l'organisation du recensement des Déportés, Travailleurs STO et Fusillés ». Elle obtient la reconnaissance administrative de son Comité par la Fédération Nationale des Centres d'Entr'Aide (CEA) des Internés et Déportés politiques et en devient la responsable locale. Elle fait de nombreuses démarches pour obtenir des subsides même en nature : elle rapporte de Paris plusieurs kilos de bonbons américains pour le Noël des enfants des victimes ! De retour en Dordogne, en février 1945, elle est mandatée pour organiser des CEA dans tout l'arrondissement et recueillir tous les dons en nature ou en espèces destinés aux Déportés Politiques. Elle est aussi la déléguée de l'Union des Femmes de France au sein du CEA, ce qui a dû lui rappeler ses fréquentations de jeunesse.

Les archives du Comité que notre mère avait conservées [79] contiennent les listes et les fiches personnelles des victimes communiquées par les différentes mairies. On y voit l'ampleur du travail réalisé par des membres bénévoles jusqu'à l'été 1945. Leur lecture est impressionnante.

---

[79] Jean-Daniel Nessmann a consulté ces documents puis les a déposés aux Archives de la Dordogne, cote J 2548.

On est saisi par le grand nombre de noms inscrits par canton et par le dénuement des familles « à secourir en priorité ». Les mairies doivent envoyer, dès le mois de décembre, les listes et les fiches des victimes. Elles sont parfois réticentes et trainent pour répondre. Ma mère les relance fin février 1945 : une commune du canton de Villefranche-du-Périgord a déclaré ne pas avoir eu de victime alors que deux personnes y ont été fusillées !

Les membres du Comité enquêtent et entendent les récits des rapatriés. En mai 1945, Mme Nessmann et ma mère recueillent le témoignage de Neige (*Nieves)* Roger, réfugiée espagnole, résistante de retour du camp de Ravensbrück. Neige leur dit avoir rencontré le docteur Nessmann à la prison de Limoges, fin 1943. Elle ajoute en aparté à ma mère, en espagnol : « Le docteur ne reviendra pas, il est mort à la prison de Limoges. »

André gazé à Auschwitz

Au cours du printemps et de l'été 1945, ma mère se rend souvent à Paris, principalement à l'hôtel *Lutétia*, lieu d'accueil des déportés rapatriés des camps, pour essayer d'obtenir des nouvelles d'André. Elle interroge des survivants du convoi 76 ou relève leurs adresses. Elle leur montre ou leur envoie la photo de mon père. Pour la plupart, les réponses sont négatives. J'ai retrouvé dans nos archives celle du rescapé André Berkover, datée du 24 juin 1945. Celui-ci, à peine âgé de 15 ans, écrit gentiment à ma mère qu'il regrette de ne pas avoir connu mon père et lui décrit l'arrivée du convoi à Birkenau et le départ des hommes valides à Monowitz[80].

Un autre survivant croit avoir vu André dans un bloc à Monowitz et dans une colonne de la Marche de la Mort[81],

---

[80] En janvier 2008, soit soixante-deux ans plus tard, lors d'une réunion du groupe *Convoi 76*, j'avais apporté cette lettre à Jeanine Thomas. Je fus très surprise de constater qu'André Berkover était présent. Nous lui avons montré avec émotion sa lettre qu'il a bien reconnue.

[81] L'évacuation environ dix jours avant l'arrivée des Russes (le 27 janvier 1945) de 56 000 détenus du camp d'Auschwitz, à pied, sur des routes enneigées, dans des conditions effroyables.

ce qui va donner, pour un temps, de faux espoirs à ma mère, mais, sans nouvelles fin août, elle fait paraître le 1er septembre 1945 dans *L'Essor sarladais*, l'organe local du MLN[82], un article nécrologique sur André qui souligne son rôle dans la Résistance :

> Officier d'artillerie de réserve, connaissant l'allemand, il était pour la Résistance une appréciable recrue. [...] André Salomon devenu André Saurin allait consacrer la plus grande partie de son activité à la lutte contre l'occupant. [...] il est mort en donnant à sa mesure son témoignage de Français.

Les témoins

Il faudra attendre la mi-septembre 1945 pour connaître la vérité. À cette époque, Dita se rend en vélo à 40 km de Sarlat, au château de Limeuil, pour interroger un rescapé du convoi d'André. Ce château abrite des rescapés en convalescence. Mon frère, alors âgé de 15 ans, l'accompagne mais n'est pas autorisé à assister à l'entretien. Le rescapé se trouve être M. Mojzesz (dit Marc) Goldman, l'ancien chef du maquis AS Dordogne dont j'ai parlé auparavant[83]. Marc Goldman, après son arrestation en octobre 1943 et des séjours dans diverses prisons, est arrivé à Drancy le 28 juin 1944, deux jours après André. Leurs numéros de Drancy sont proches, 24494 et 24535. Marc Goldman reconnaît la photo de mon père et se souvient parfaitement de sa mutilation au bras et de sa main droite paralysée. Voici le résumé de ses propos rapporté par ma mère :

> Nous avons voyagé ensemble dans le même wagon jusqu'à Birkenau dans des conditions de promiscuité épouvantables. André avait dans ses ba-

---

[82] Mouvement de Libération Nationale, ex MUR.

[83] Plus tard, certaines personnes se demanderont si Marc Goldman n'aurait pas livré sous la torture des informations ou des noms pour obtenir la libération de sa femme. Un jury d'honneur sera constitué. Marc Goldman ne sera pas condamné mais on lui demandera de quitter la Dordogne. En 1949, le tribunal militaire de Bordeaux lui accordera un non-lieu (Le Bail, 2001).

> gages du jambon et des pâtés sarladais[84] qu'il a partagés avec ses voisins. À la sélection de l'arrivée, André a montré sa main droite paralysée ; il a été placé dans la colonne des physiquement inaptes au travail. Personne de cette colonne n'a été revu vivant.

En revenant de Limeuil à Lou-Prat, ma mère est tellement accablée par ce témoignage qu'au retour, elle n'a plus la force de pédaler. Mon frère doit la soutenir. À leur retour, ils ne me disent rien de la mort de mon père dont je n'aurai la certitude que beaucoup plus tard. Je sais maintenant qu'elle avait raconté en détail cette visite à Marie, lui demandant de ne pas m'en parler. Cet épisode tragique a de nouveau fortement affecté mon frère.

Ma mère mentionne dans les papiers officiels avoir aussi rencontré un deuxième témoin, rescapé du même convoi, M. Jean-Claude Kahn. Ce témoin, appelé *Claude Jean* de son nom de Résistance pendant la guerre[85], est arrivé à Drancy le 21 juin 1944, quelques jours avant André, et porte le numéro 24207. Il s'est souvenu d'avoir voyagé avec mon père et a confirmé le récit précédent.

Un autre rescapé du convoi 76, Georges Wellers, explique que les hommes seuls voyageaient ensemble dans un wagon[86], dans lequel se trouvaient sans doute mon père et les deux témoins précédents. Tous les rescapés ont dit à leur retour que les « physiquement inaptes » avaient été directement conduits dans la chambre à gaz.

Le convoi 76

L'histoire du convoi 76, d'abord résumée par S. Klarsfeld (1978, p. 550), est actuellement bien connue grâce à la synthèse de Dossin et Thomas (2010). Ce convoi qui comportait 1 153 déportés arriva à Auschwitz le 4 juillet 1944 après cinq jours de transport. Dès l'arrivée, 532 personnes furent gazées. En 1945, on comptait 167 survivants. Au

---

[84] Les réserves qu'Hélène lui avait fait passer à la prison du Mans, qu'il avait donc pu conserver.

[85] Il est répertorié sous ce nom au Mémorial de la Shoah.

[86] Wellers Georges, *L'étoile jaune à l'heure de Vichy*, Paris, Fayard, 1973, p. 252.

cours du trajet, il y eut une tentative d'évasion suivie d'une répression terrible que plusieurs survivants ont décrites. Les conditions effroyables de ce transport sont soulignées dans tous les témoignages directs des rescapés. Bertrand Seltz (1995) écrit :

> Déjà, dès l'embarquement dans le train les Allemands se départent de cette *correction formelle* qu'ils observent en France. Les premiers coups commencent à pleuvoir pour empiler à soixante par wagon hommes, femmes, enfants, malades que l'on amène sur des civières [...]. C'est le terrible calvaire qui commence, en plein mois de juillet, par un soleil de plomb, sans eau, sans un rai de lumière ; nous passerons cinq jours dans ce wagon plombé[87], plus maltraités que les bêtes qui, elles, ont droit au moins à l'air pour respirer [...].

Claude Hirsch (2005, p. 54) précise :

> De la paille avait été étendue sur le sol et s'imbibait du contenu de la tinette. Il faisait une chaleur suffocante, la soif, la promiscuité étaient indescriptibles [...].

À propos de l'arrivée à Auschwitz-Birkenau, Pierre Goltman (2011, p. 65, 69) raconte :

> Arrivée au camp le 4 juillet, dans un grand concert de cris (*Raus, Sschnell, etc.*), de coups de pied et de coups de crosse. Comme à l'accoutumée nos gardiens sont pressés. Il faut vite descendre sur le quai et abandonner nos paquets et valises dans le train [...].
>
> Nous défilons alignés sur un rang devant un *médecin SS*. Tous les arrivants qui paraissent difformes, infirmes ou âgés de moins de 15 ans et de plus de 50 sont séparés des autres déportés. Je devais apprendre plus tard qu'ils avaient immédiatement été dirigés vers les chambres à gaz et le four crématoire [...].

[87] D'après P. Goltman (2011), les wagons n'étaient pas vraiment plombés mais fermés et gardés par des SS. Un autre rescapé, R. Haas, précise que les portes étaient bloquées par une barre de fer, voir Dossin & Thomas, 2010, p. 82.

La vie reprend

Restitution des biens ?

Après la guerre, en 1945, nous retrouvons une partie de nos biens. Nos amis Sandinha nous rendent la maison de Champtoceaux telle qu'ils l'avaient trouvée à leur installation en 1943, après son occupation par les Allemands. La maison Fradet a scrupuleusement payé tous ses loyers. Dès le mois de janvier, ma mère reprend possession de son magasin de Nantes qu'elle avait fictivement cédé à M. Pasquier. J'ai retrouvé l'acte de rétrocession datant du 21 janvier 1946 sur lequel est écrit : « Les parties, en application des ordonnances des 14 novembre 1944 et 21 avril 1945 déclarent résilier purement et simplement à compter rétroactivement du premier janvier 1945 la vente du fonds de commerce. » Pour remercier M. Pasquier d'avoir assuré une protection efficace de ses biens, ma mère renonce à la restitution des bénéfices prévue par ces ordonnances.

L'employé d'André, monsieur G, n'a pas restitué le produit de la vente d'un terrain à Saint-Gilles dont mon père possédait une partie. Nous ne retrouvons rien du mobilier de notre appartement de la place du Bouffay. Le transporteur Drouin, contacté en décembre 1944, se souvient que « les mobiliers qui étaient enlevés dans les conditions de celui de M. Salomon devaient être déposés dans les bâtiments de la Chambre de Commerce ». Ont-ils été récupérés par les Allemands ?

Ma mère n'obtient aucun remboursement de l'argent versé en vain à ses relations nantaises pour obtenir la libération de son mari. Elle ne poursuit pas en justice ses anciennes relations qui ont collaboré avec les Allemands mais décide de ne plus les fréquenter. C'est la raison pour laquelle, je pense, nous ne sommes pas retournés habiter Nantes. Mon frère se souvient que, plusieurs années plus tard, rencontrant monsieur L en public, notre mère refusa de lui serrer la main. À un témoin étonné, elle répondit : « C'est une histoire de guerre pas belle du tout. »

Retour à Paris

Notre mère a été contrainte de conserver le magasin de Nantes, notre principale source de revenus. Comme elle n'a pas voulu se réinstaller dans cette ville, elle loue à Paris comme résidence principale un petit pavillon, 167, rue de l'Université. Fin septembre 1945, nous quittons Sarlat par un train de nuit, accompagnés de Marie Nombela. Nous sommes très chargés : nous ramenons notamment de Lou-Prat, en plus de nos valises, un coq, deux poules et un gros sac de pommes de terre. À la sortie du métro, en traversant le pont de l'Alma, le coq, heureux de retrouver la lumière, se met à chanter pour le bonheur des passants ! Le pavillon possède un appentis dans lequel nous gardons nos volailles, car le ravitaillement est encore difficile à Paris.

Mon frère et moi sommes devenus pupilles de la Nation. Je suis de nouveau scolarisée au Lycée Victor-Duruy, sous mon vrai nom. En rentrant du lycée, j'imaginais souvent que j'allais rencontrer mon père dans la rue ou le retrouver à la maison. Il m'est même arrivé une fois d'imiter son écriture saccadée dans une lettre que j'ai envoyée à ma mère ; elle ne m'en a jamais parlé… Ma mère ne m'avait pas raconté que mon père avait été gazé à son arrivée à Auschwitz, aussi me faudra-t-il un certain temps pour admettre qu'il ne reviendra plus.

Notre cousin Raymond Lévi qui, après le Vercors, s'était engagé dans l'Armée Française de Libération, vient, une fois démobilisé, loger avec son frère Jacques à l'étage supérieur de notre maison. Notre mère va tenir son magasin à Nantes quatre jours par semaine et ne rentre à Paris que les week-ends ; nous devons tous les samedis soirs aller la chercher à la gare Montparnasse. Le reste du temps, nous sommes seuls, mon frère et moi, avec Marie, puis avec diverses employées de maison. La présence des cousins à l'étage me rassure. Raymond et Jacques m'offrent des disques de musique classique et m'emmènent parfois au concert, les cousins remplacent un peu, au plan culturel, mon père absent.

Plus tard, ma mère pourra enfin acheter la propriété de Lou-Prat où la famille Nombela continuera de vivre.

Quant aux tantes Salomon, Élise et Berthe nous les retrouvons en 1945 à l'hospice de Briouze où Henriette les avait placées après la déportation de Louis. Elles sont alors âgées de 79 et 81 ans. Elles seront plus tard confiées à la Fondation Rothschild, rue de Picpus à Paris, où elles finiront leur vie.

Reconnaissance administrative

Après la libération des camps, les familles des déportés disparus ont eu des difficultés pour obtenir les actes de décès indispensables pour effectuer les démarches administratives. Leurs demandes n'aboutissaient qu'après de longs délais. Ma mère possédait des témoignages grâce auxquels elle put obtenir l'acte de décès de mon père au début de l'année 1947. J'ai retrouvé aux archives de la Défense sa demande adressée au ministre des Anciens Combattants le 20 août 1946. Elle a été annotée par les services du ministère et porte le numéro 585 949. Ma mère y rappelle les états de service de son mari, les conditions de son arrestation, et son entrevue avec le témoin M. Goldman qui résidait alors à Villefranche-du-Périgord et ajoute :

> Je n'ai pu malgré mes recherches avoir d'autres précisions sur son décès que les dires de M. Goldman et d'un certain M. Cahen[88] demeurant à Strasbourg, lesquels prétendent avoir voyagé avec lui jusqu'à l'arrivée à la gare de Birkenau où mon mari aurait été mis dans la colonne de gauche[89], la colonne de droite se trouvant seule conduite sur les lieux de travail d'Auschwitz. Des renseignements recueillis par les déportés de cette colonne de droite, il résulterait que l'autre colonne (celle de gauche) comprenant des inaptes au travail (ce qui était le cas de mon mari du fait de son invalidité de guerre de 50 %) aurait été directement conduite à la chambre à gaz par les SS.

---

[88] Il s'agit de Jean-Claude Kahn cité précédemment.

[89] Le rescapé Roland Haas indique au contraire : « Je remarque qu'en règle générale ce sont les jeunes et vigoureux qui vont à gauche » (cité par Dossin & Thomas, 2010). En fait, gauche ou droite dépend de l'orientation de l'observateur.

Ma mère demande également l'apposition de la mention *Mort pour la France* sur l'acte de décès et elle joint, en annexe, les attestations « de l'appartenance de son mari à un réseau de Résistance et de la réalité de son arrestation sous son nom de guerre ».

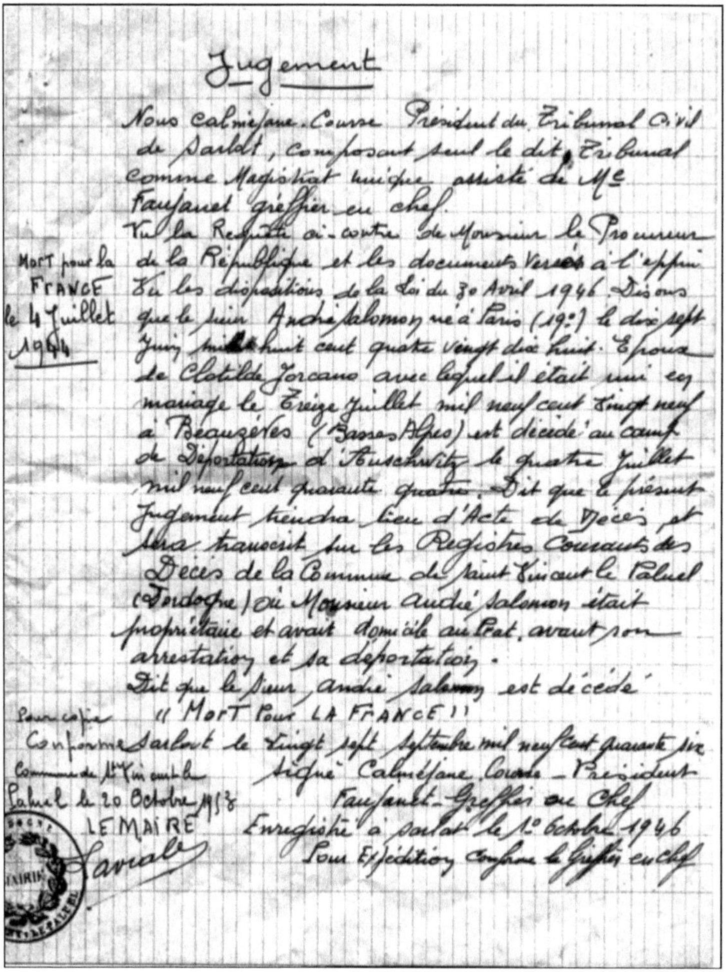

Jugement

Nous Calmejane-Course Président du Tribunal Civil de Sarlat, composant seul le dit Tribunal comme Magistrat unique assisté de Me Faujanet greffier en chef.

Vu la Requête ci-contre de Monsieur le Procureur de la République et les documents versés à l'appui

Vu les dispositions de la loi du 30 Avril 1946. Disons que le sieur André Salomon né à Paris (19e) le dix sept Juin mil huit cent quatre vingt dix huit. Époux de Clotilde Jorcano avec lequel il était uni en mariage le treize Juillet mil neuf cent vingt neuf à Beauzèles (Basses Alpes) est décédé au camp de Déportation d'Auschwitz le quatre Juillet mil neuf cent quarante quatre. Dit que le présent Jugement tiendra lieu d'Acte de Décès et sera transcrit sur les Registres Courants des Décès de la Commune de Saint Vincent le Paluel (Dordogne) où Monsieur André Salomon était propriétaire et avait domicile au Peat, avant son arrestation et sa déportation.

Dit que le Sieur André Salomon est décédé « MORT POUR LA FRANCE »

Sarlat le vingt sept Septembre mil neuf cent quarante six

Signé Calmejane Course - Président

Faujanet - Greffier en Chef

Enregistré à Sarlat le 1° Octobre 1946

Pour Expédition conforme le Greffier en chef

(En marge :) Mort pour la FRANCE le 4 Juillet 1944

Pour copie conforme Commune de St Vincent le Paluel le 20 Octobre 1958

LE MAIRE

[illegible]

Jugement du tribunal de Sarlat, 27 septembre 1946, copie conforme (fonds familial).

Le 27 septembre 1946, le jugement du tribunal de Sarlat établissant le décès d'André Salomon est enfin prononcé. Il établit la date de décès au 4 juillet 1944 au camp de déportation d'Auschwitz et porte la mention « Mort pour la France ». L'extrait d'acte de décès que j'ai retrouvé comporte la transcription du jugement sur requête daté du 20 janvier 1947 et le jugement lui-même. La transcription évoque les « dépositions[90] de M. Jean-Claude Kahn et de M. Gladman[91], chef du réseau Combat ».

En février 1953, ma mère reçoit enfin le certificat d'appartenance à la Résistance Française, Qualité RIF (Résistance Intérieure Française) de son époux[92], afin de permettre la liquidation de ses droits sur la base du grade de sous-lieutenant. Elle demande alors l'attribution du titre de « Déporté Résistant » pour son mari. Ce titre lui est refusé, on lui attribue celui de « Déporté Politique ». Elle présente un recours le 30 janvier 1954. Ce recours est rejeté car la commission estime que le fait qu'André « ait été arrêté pour avoir fait parler des militaires de la Wehrmacht ne constitue pas un acte caractérisé de résistance à l'ennemi ».

---

[90] Je n'ai pas pu trouver ces dépositions écrites qui n'ont pas été conservées aux Archives de la Dordogne.

[91] Il s'agit de Marc Goldman.

[92] J.O. 31 mars 1953.

VII. Les déportés de la famille

Comme mon père, plusieurs membres de notre famille, adultes et enfants, furent exterminés à Auschwitz.

Louis

L'oncle Louis Salomon, arrêté par la Gestapo à Briouze le 24 novembre 1943, a été placé dans un lieu d'internement à Orly[93] ; il s'inquiète pour ses sœurs, mais a la chance de pouvoir recevoir des visites, comme en témoigne une lettre du grand-père Apé du 6 février 1944, que nous recevons à Sarlat :

> Paul[94] lui a rendu visite, il lui a trouvé bon moral mais pas tranquille pour ses sœurs qui ne doivent pas s'accorder avec Henriette[95].

Plus tard, après-guerre, dans un courrier adressé à l'administration, sa compagne Henriette écrira :

> [...] arrêté le 24 novembre 1943 puis dirigé sur Orly où ils étaient sous la protection des Israélites monsieur Louis Salomon a donné de ses nouvelles jusqu'à fin janvier. Le 27 janvier les Allemands sont venus les prendre en camion pour les conduire au camp de Drancy puis déporté le 3/2/44 et depuis je suis sans nouvelles.

[93] Probablement au château de Grignon, alors le foyer 75 de l'UGIF, l'Union générale des Israélites de France.
[94] Frère de Gérard Vorms, resté à Paris.
[95] La compagne de Louis.

La fiche de Drancy au nom de Salomon Louis mentionne bien la date d'arrivée du 27 janvier, elle porte le numéro 12760 et mentionne comme origine Orly. La lettre B y est inscrite ce qui signifie « déportable[96] ». J'ai aussi trouvé sa *fiche-fouille* et un reçu d'un dépôt à son nom de 1 870 francs et d'une montre en or.

Louis est déporté à 72 ans, le 3 février 1944, par le convoi 67 vers Auschwitz. Son convoi comportait 1 214 personnes, 985 seront immédiatement gazées, il n'y aura que 26 survivants (Klarsfeld, 1978). Louis aura certainement été gazé à l'arrivée du convoi à Auschwitz le 6 février 1944. Le Grand Rabbin Hirschler, dont je connaîtrai les filles après-guerre, faisait également partie de ce convoi, lui non plus n'est pas revenu.

Les « Gérard »

Début 1944, la famille de Gérard Vorms vit toujours à Gap. Elle comprend les parents, Gérard et Suzanne, les trois enfants, Philippe (19 ans), Jean (15 ans) et François (9 ans), ainsi que leur tante Lucie et leur grand-père Apé. Les Salomon et les Vorms correspondent régulièrement. En plus de la lettre précitée d'Apé, j'ai retrouvé un bout de lettre envoyée par Lucie début 1944 ; Lucie est au courant de nos activités paysannes, elle nous donne des nouvelles de leur vie familiale : maladies récentes des enfants, grippes, bronchites, réussite de François en classe, couvre-feu établi à 21 h et visites à leurs proches.

Gérard en période militaire avant-guerre (fonds familial).

Depuis la capitulation italienne en septembre 1943, Gap

[96] Voir P. Goltman, *op. cit.*, 2011.

est passé sous contrôle allemand. La région est devenue moins sûre. Les « Gérard » vont être arrêtés sur dénonciation le 13 février 1944. Je décris ci-dessous comment nous apprenons leur arrestation.

À Sarlat, fin février 1944, mon frère est convoqué par le principal de notre collège, M. Terrencq, qui lui dit : « Demande à ton père de venir me voir dès que possible. » Jacques s'inquiète, pensant qu'il s'agit de sa scolarité. En fait, M. Terrencq était un résistant, comme on l'a déjà vu. Il remet à notre père une lettre d'Apé datée du 20 février :

> C'est la nouvelle d'une épouvantable catastrophe que je vais vous apprendre aujourd'hui. Il y a 8 jours, dimanche dernier[97] à 7 heures, toute la famille a été arrêtée et conduite en prison. Gérard, Suzanne, Lucie, les 3 enfants dont François au lit avec une bronchite ont été ramassés. Personne ne connaît le motif de l'arrestation [...].

Apé, 80 ans, hospitalisé à l'hôpital de Gap pour des problèmes cardiaques, a échappé à l'arrestation ; il veut prévenir nos parents mais ne connaît pas notre adresse ; il se souvient que Jacques est élève au collège de Sarlat et demande au Principal de nous transmettre sa lettre.

D'après cette première lettre d'Apé, les « Gérard » se trouvent à la prison de Gap et semblent y être bien traités ; la Préfecture aurait fait des démarches[98] auprès de Vichy pour faire libérer au moins les enfants et Lucie. Ma mère répond en proposant, au cas où ils seraient libérés, de les héberger à Lou-Prat. S'ensuit une série de lettres qui montrent l'angoisse de cet homme âgé qui se retrouve seul à l'hôpital et que la direction ne veut plus garder. À propos de nos cousins, il écrit le 29 février :

> [...] ils sont toujours à la date d'hier réunis tous les six dans la même salle de la prison [...]. François a été bien soigné pour sa bronchite [...].

---

[97] Le 13 février 1944.

[98] On trouve effectivement aux Archives de Gap une fiche du 19 février transmise au Préfet par les Renseignements Généraux de Gap après l'arrestation de Gérard, mentionnant ses états de service et décorations : 3 citations, Croix de guerre, Légion d'honneur (AD 05 342 W 12651).

Puis, le 5 mars :

> Il n'y a rien à faire pour les enfants qui ont été emmenés avec leurs parents et qui ne seront pas rendus mais d'autre part, étant donnés les états de service de Gérard, ils resteront tous en France et ne seront pas envoyés en Allemagne.

Le 6 mars, il mentionne un voyage entrepris par André pour obtenir des informations sur les « Gérard »[99]. Il nous informe que les amis et cousins de Gérard sont tous partis et dispersés dans la région de Gap[100].

Finalement, Gérard et sa famille sont transférés à Drancy le 11 mars, après avoir passé quinze jours à la prison de Marseille. Leurs fiches de Drancy portent les numéros 16725-29 et la lettre B (déportable). La *fiche-fouille* de Gérard mentionne la saisie de 3 205 francs. Malgré ses « états de service » et les démarches de la préfecture des Hautes-Alpes, Gérard et toute sa famille seront déportés à Auschwitz le 27 mars 1944 par le convoi 70.

Suzanne Vorms et ses enfants, Philippe, François et Jean, Dinard vers 1940 (fonds familial).

---

[99] Mon père s'est effectivement déplacé à Lyon à cette époque pour ses faux papiers, comme je l'ai déjà indiqué.

[100] Le cousin Jean et sa famille se sont cachés dans une ferme des environs de Gap et seront saufs. Le titre de *Justes* a été décerné récemment à titre posthume à la famille Brochier qui les avait accueillis, et remis à leurs enfants.

Aucun des « Gérard » n'est revenu. Le convoi 70 comportait 1025 déportés dont 109 enfants ; 520 personnes furent gazées à l'arrivée (Klarsfeld, 1978), il n'y aura que 125 survivants. Généralement, les personnes âgées de plus de 50 ans et les enfants de moins de 15-16 ans étaient gazés dès l'arrivée. Lucie avait 70 ans, Gérard 53 ans et François 10 ans à l'arrivée à Auschwitz. J'ignore si Suzanne, Philippe et peut-être Jean, âgés respectivement de 44, 19 et 15 ans ont été déclarés « aptes au travail » et immatriculés. Je n'ai pas trouvé de renseignements sur leur sort dans les archives d'Auschwitz. Une partie des archives de 1944 a été brûlée par les nazis lors de l'abandon du camp en 1945.

Ma mère avait précieusement conservé les photos de Suzanne et des enfants prises au début de la guerre ; j'étais toujours très impressionnée par l'une de ces photos qui resta toujours exposée sur la cheminée de sa chambre à Lou-Prat.

Pierre

Au mois d'août 1944, une dernière arrestation touche notre famille, celle de Pierre Vorms à Lyon. Pierre réside chez des particuliers, la famille Rousson, rue Sébastien-Gryphe à Lyon. Il appartient au réseau de Résistance NAP-Fer depuis février 1943, dans lequel il agit sous la direction de notre ami commun Adolphe Franck, responsable Fer à Lyon (alias Bouvier, médaille de la Résistance en 1945). Pierre est chargé de missions dans des dépôts de machines.

Le 4 août, Pierre est arrêté devant l'hôtel *Au bon coin,* 21, rue Auguste-Comte. Le propriétaire de l'hôtel certifiera en 1946 « que M. Worms[101] a été arrêté par la Gestapo le 4 août 1944

[101] Vorms est parfois écrit Worms.

devant mon établissement et que le chef qui l'arrêta le soupçonna de confectionner des engins explosifs ». Pierre est interné à la prison de Montluc où il reste 9 jours avant sa déportation. Il est déporté à 49 ans, le 11 août, par le dernier convoi de Lyon, le convoi 78. Lyon sera libéré treize jours plus tard. Ce convoi de dix wagons emporte 710 personnes environ. Les Juifs y sont séparés des non-Juifs. Malgré des tentatives de blocage par la Résistance, le convoi quitte la France (Marsura, 2004). Les wagons des Juifs seraient arrivés à Auschwitz le 22 août 1944 (Klarsfeld, 1978).

Pierre a survécu au camp mais malheureusement n'est pas revenu. Il est décédé à l'hôpital d'Auschwitz le 24 février 1945, selon le certificat de la Croix-Rouge polonaise et un témoignage d'un rescapé d'Auschwitz, M. Paul Cerf. Ce dernier écrit à Madame Vorms :

> J'ai en effet vu mourir Monsieur Pierre Worms dans le block qui m'était affecté après la libération par les Russes. Pierre Worms était bien portant après la libération et subitement il est devenu malade, quoiqu'ayant été à l'infirmerie déjà. Si mes souvenirs sont exacts il a eu la fièvre typhoïde.

Épilogue

Pourquoi avoir tant tardé à m'intéresser à l'histoire de mon père, alors que la plupart des témoins de sa vie ont maintenant disparu ? Pourquoi avoir refoulé mes souvenirs pendant ma vie active ? Mes enfants me questionnent aujourd'hui sur mon silence passé. En fait, dans l'après-guerre, à une époque où la plupart des familles touchées par la déportation restaient silencieuses, notre mère parlait ouvertement d'André à tout son entourage. Elle nous rappelait sans cesse sa mémoire et nous le citait en exemple. Elle nous avait même fait promettre de ne jamais serrer la main d'un Allemand. Devenue adulte, j'avais essayé de fuir ces tragiques souvenirs. Je ne les évoquais qu'avec mes amies, filles de déportés, qui avaient subi des épreuves analogues. Plus tard dans ma vie professionnelle, j'ai été amenée à collaborer avec des collègues allemands de mon âge ; j'en ai d'abord été gênée et finalement je n'ai pas tenu ma promesse. Aujourd'hui, le temps a passé, l'histoire de cette période n'est plus occultée et mieux comprise, la nécessité de témoigner est plus évidente, aussi m'est-il plus aisé de revenir sur le passé et d'évoquer la mémoire de mon père. Mon frère, plus affecté que moi, ne peut ranimer ce passé sans réserves.

La lecture de nos archives familiales m'a révélé, outre les épreuves de l'arrestation et de la déportation subies par mon père, plusieurs aspects caractéristiques de son histoire en partie inconnus pour moi : la force de ses sentiments patriotiques et de ceux des hommes de sa famille, tous Juifs d'origine, dans la défense de la France à la Première Guerre mondiale ; son entêtement, après la défaite de 1940, pour rester en France en tant qu'ancien combattant fidèle au Maréchal Pétain, en dépit des injonctions de ma mère, catholique, d'origine espagnole ; son retard à admettre la trahison du Maréchal envers ses anciens soldats et envers la France. Lorsqu'il réalisa que pour Vichy il n'était que Juif et non Français, il changea d'opinion et entra dans la Résistance, un an avant sa déportation à

Auschwitz. Malgré leurs nombreuses décorations, plusieurs autres anciens combattants de notre famille ont subi le même sort.

En rédigeant ce mémoire, j'ai aussi découvert la lucidité de ma mère qui, dès 1938, avait prévu les persécutions antisémites qui allaient toucher les Juifs qu'ils soient français ou étrangers. Malgré le refus catégorique de mon père d'écouter ses conseils et de se réfugier en Espagne, j'ai pu réaliser avec quelle énergie elle a tout tenté pour le sauver. A présent, alors qu'elle a disparu, je comprends mieux son comportement d'après guerre et sa souffrance et je regrette de ne pas l'avoir écoutée avec plus d'égards et d'attention.

Actions de mémoire

J'ai appris en 1997 que Serge Klarsfeld recherchait des photos des enfants juifs déportés de France, en vue d'une publication. Je lui ai communiqué une photo de Suzanne Vorms et de ses enfants, photo qui a été publiée en mai 1998 dans *Le Mémorial des enfants juifs de France* (Additif 3, p. 167).

Mon frère et moi avions perdu de vue après la guerre notre cousin Antoine Vorms, neveu de Gérard et donc cousin germain de ses enfants. À la lecture du *Monde* du 20 février 2004, je suis très étonnée de trouver le « souvenir » de l'arrestation soixante ans plus tôt de « mon oncle Gérard Vorms, 53 ans [...], sa femme Suzanne, 45 ans, leurs fils Philippe, 20 ans, Jean, 15 ans, François, 10 ans, ma tante Lucie Vorms, 70 ans [...] ». J'ai pu être mise en contact avec l'auteur de cette communication, notre cousin Antoine. J'ai été émue de retrouver un membre de la famille de mon père. Antoine m'a fait part de ses recherches généalogiques sur nos deux familles et m'a procuré photos et documents. Nous avons alors également, Jacques et moi, fait paraître dans *Le Monde* daté du 11 mai 2004 un « souvenir » de l'arrestation, soixante ans plus tôt, de notre père André Salomon.

Antoine m'a aussi fait connaître le tombeau de ma famille Salomon au cimetière Montparnasse, à Paris, abandonné depuis le décès des tantes Berthe et Élise en 1952 et

1953. J'ai fait graver sur ce tombeau les noms de Louis et d'André, « morts en déportation à Auschwitz ». Le nom de mon père a aussi été ajouté récemment sur la plaque des *Morts pour la France* de la commune de Saint-Vincent-le-Paluel, grâce à la démarche de la secrétaire de mairie, Clotilde Nombela.

Antoine a déposé au Mémorial de la Shoah de nombreuses photos des Vorms et Salomon que l'on peut y consulter[102]. J'y avais moi-même, il y a quelques années, déposé un résumé et quelques copies de documents concernant mon père.

Lorsque ce mémoire était en cours de rédaction, deux professeurs d'histoire, Chantal Dossin et Jeanine Thomas, écrivaient un livre : *L'Avant-Dernier Convoi Drancy-Auschwitz*, le convoi dans lequel mon père a été déporté. Ces professeurs recherchaient des témoignages de descendants de déportés ; je leur ai transmis quelques documents à partir desquels elles ont rédigé le « Témoignage familial » *André Salomon* (Dossin & Thomas, 2010, p. 214-217).

J'ai effectué récemment deux voyages au camp d'Auschwitz-Birkenau, organisés par l'Union des Déportés d'Auschwitz, en présence de rescapés du camp. J'ai été surprise, à l'accueil, par le grand nombre de jeunes visiteurs de diverses nationalités. Au musée d'Auschwitz, j'ai été impressionnée de voir la minutie avec laquelle les Nazis avaient organisé l'extermination des déportés. Mais c'est surtout la visite du camp de Birkenau (Auschwitz II) qui m'a le plus profondément touchée. Il était particulièrement émouvant de voir, *in situ*, le passage de la porte de ce camp, les rails où s'arrêtaient les convois, l'emplacement où des médecins allemands procédaient à la sélection et envoyaient à la mort enfants, personnes âgées, handicapés... et les ruines des chambres à gaz. Ici sont passés, début 1944, mon grand-oncle, mes cousins et plus tard, en juillet, mon père. Ici, ils ont disparu. À la fin des visites, nous nous sommes recueillis devant la mare qui contient une partie des cendres des gazés, peut-être celles de mes parents ?

[102] Sous la cote MXII 8253-8335.

Annexes : Photos et Documents

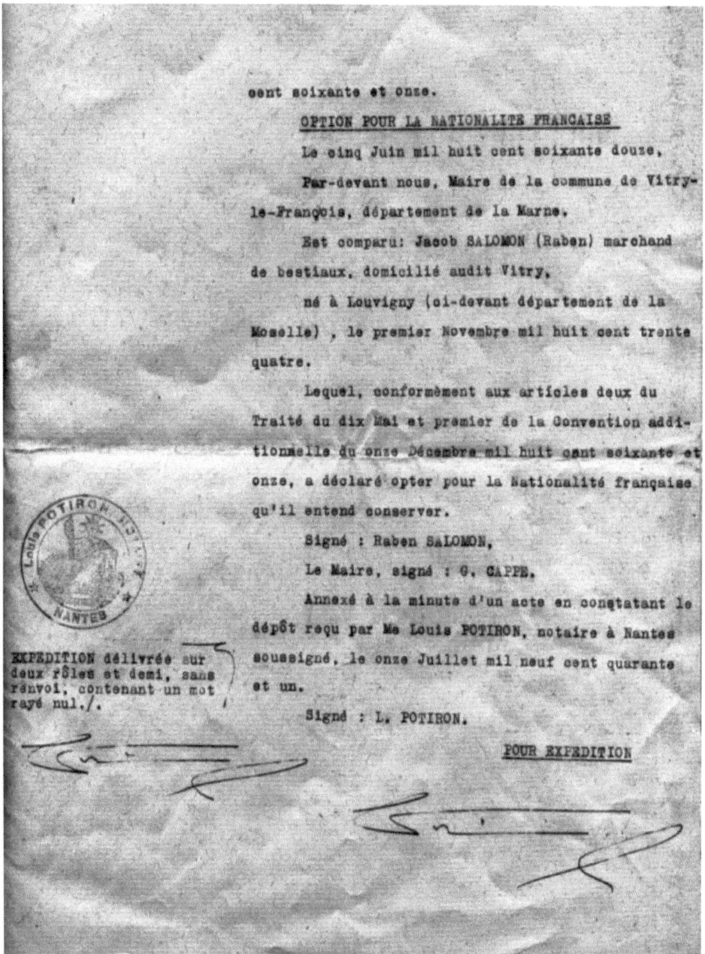

cent soixante et onze.

OPTION POUR LA NATIONALITE FRANCAISE

Le cinq Juin mil huit cent soixante douze,

Par-devant nous, Maire de la commune de Vitry-le-François, département de la Marne,

Est comparu: Jacob SALOMON (Raben) marchand de bestiaux, domicilié audit Vitry,

né à Louvigny (ci-devant département de la Moselle) , le premier Novembre mil huit cent trente quatre.

Lequel, conformément aux articles deux du Traité du dix Mai et premier de la Convention additionnelle du onze Décembre mil huit cent soixante et onze, a déclaré opter pour la Nationalité française qu'il entend conserver.

Signé : Raben SALOMON,

Le Maire, signé : G. CAPPE.

Annexé à la minute d'un acte en constatant le dépôt reçu par Me Louis POTIRON, notaire à Nantes soussigné, le onze Juillet mil neuf cent quarante et un.

Signé : L. POTIRON.

EXPEDITION délivrée sur deux rôles et demi, sans renvoi, contenant un mot rayé nul./.

POUR EXPEDITION

Le grand-père d'André, Juif lorrain, opte pour la nationalité française, juin 1872 (fonds familial).

André et sa mère Judith vers 1905 (fonds familial).

André et son tuteur l'oncle Louis, novembre 1916 (fonds familial).

La Grande Guerre

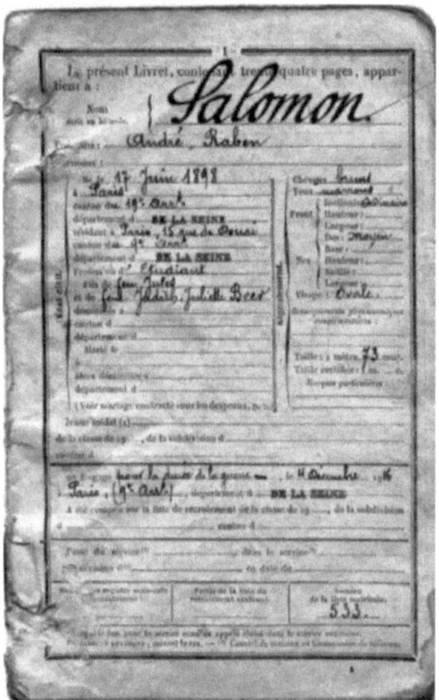

Le présent Livret, ... quatre pages, appartient à :

Salomon

André

né le 17 Juin 1898 à Paris

DE LA SEINE

DE LA SEINE

Paris DE LA SEINE

533

Première page du livret militaire d'André mentionnant son engagement pour la durée de la guerre, 11 décembre 1916 (fonds familial).

Nom : Salomon

Prénoms : André

Classe : 1918 N° M[le] de Recrut[t] 846

Seine 6e Bureau

Corps d'affectation :

Adresse : 13 Rue de Douai

Classé Service Armé par la 6e Commission de Réforme de la Seine le 17 JUIL 1918

Le Capitaine adjoint

Page rajoutée au livret militaire d'André lors de son réengagement après ses blessures et sa réforme temporaire, 17 juillet 1918 (fonds familial).

Portrait d'André par son ami Camille Roche, 1920.

André vers 1937 (fonds familial).

André en vacances à Douëlan avec Dita, Michelle, Jacques et son cousin Raymond, 1937 (fonds familial).

OFFICE NATIONAL DES MUTILÉS, COMBATTANTS, VICTIMES DE LA GUERRE ET PUPILLES DE LA NATION.

CARTE D'INVALIDITÉ

N° 2650

OFFICE DÉPARTEMENTAL de la Loire-Infre

La présente carte est valable du 31-12-1938 au 29-12-1940

POURCENTAGE D'INVALIDITÉ : 25 % À 45 %

Réduction de tarif : 50 %

Nom, prénoms Salomon André

Adresse Nantes, 6 place du Bouffay

Profession : négociant

Date et lieu de naissance : 17 Juin 1898 à Paris

A Nantes 30 DEC 1938

Le Président de l'Office départemental des mutilés, combattants, victimes de la guerre et pupilles de la nation,

Le Titulaire

Carte d'invalidité d'André refaite à la veille de la guerre, 1938 (fonds familial).

MINISTERE DE L'INTERIEUR

COMMISSARIAT GÉNÉRAL
AUX
QUESTIONS JUIVES

Réf. à rappeler :
SP
CA/FB
6896

Vichy, le 26 septembre 1941

Monsieur André SALOMON
Hôtel Monaco
V I C H Y

Monsieur,

Vous avez bien voulu me présenter, traduit par la traductrice assermentée près le Tribunal de Cusset, un certificat signé le 17 septembre 1941 par M. le Curé de la Paroisse d'Alboraya (province de Valence, Espagne) duquel il résulte :

Que votre épouse, née Clotilde Jorcano, a été baptisée à Alboraya le 27 juillet 1896, et que ses grands parents étaient :

dans la ligne paternelle don Juan JORCANO et Doña Luisa AGUADO;

dans la ligne maternelle : M. François BICHET et Mme Eglantine BONIN, de Nantes

aucun des quatre n'étant juif.

Dans ces conditions Mme André SALOMON, votre épouse, née Clotilde JORCANO, ne saurait être considérée comme juive aux termes de l'article 1er de la loi du 2 juin 1941.

Par conséquent, j'établis pour

....

elle le certificat de non appartenance à la race juive, n° 0,814, en date de ce jour, que vous voudrez bien trouver ci-joint.

Veuillez agréer, Monsieur, l'assurance de ma considération distinguée.

Pour le Commissaire général
Le Chef de Cabinet

COMMISSARIAT AUX QUESTIONS JUIVES
ÉTAT FRANÇAIS

Lettre du commissariat général aux Questions juives
Vichy, 26 septembre 1941 (fonds familial).

A. SALOMON
Hôtel du NORD
Place Gambetta
Perpignan
(P.O)

Perpignan,le 13 Octobre 1941

Monsieur le Général CAMPET
Chef du Cabinet Militaire du Chef de l'Etat
Hôtel du Parc.VICHY.

Mon Général,

Je m'excuse de n'avoir pu plus tôt vous re mercier pour votre honorée du 2 courant,par laquel le vous me tenez au courant de la réponse du Commissariat aux questions juives.

Puisque vous avez eu l'amabilité de vous intére ser à mes démarches,je me permets de vous tenir au courant de la suite de mon affaire depuis que j'ai eu l'honneur d'être reçu par vous.

Lorsque le 17 Septembre, e commissariat ma dit que le certificat de baptême de ma fem e était nécessaire,nous avons fait dil igence pour l'obtenir et le 26 Septembre,le commissariat sur le vu de ce document,que je lui apportais me délivrait au nom de ma femme Clotilde Jorcano le certifica de non appartenance à la race juive Nº 81

Le lendemain 27 Septembre,j'ai été reçu par le Ministre lui-même il avait à ce moment étu dié succintement mon dossier,il me posa quelques questions et me promit une réponse définitive dans Quarante huit heures.Dans la soirée,je ren contri à la gare, le chef de division du statut d des biens,qui fut heureux de m'annoncer que le Ministre avait statué sur mon cas et que l'autori sation d'acquérir était accordée à ma femme; sur ma question puis-je faire entrer mon fils au collè ge de Sarlat et préparer mon déménagemdnt?il me r répondit affirmativementet très sympatiquement, heureux pour moi que je puisse réaliser mon désir d'agirétant donné tout ce qui m'était interdit,dan dans la voie recommandée par le MARÉCHAL,et de con fier mon sort ainsi que celui de ma famille à la terre,qui elle,ne trompe pas .

Ensuite,je reçois votre honorée du 2 courant,et le 7 Oct,ma femme reçoit de la Direction régional de Limoges une convocation de se rendre le 11 à Limogesmunie de rendeignements concernant son fonds de commerce et ses propriétés ,renseignements que j'avais dès le 27 Septembre communiqués personnellement à Monsieur le Ministre..

Le Directeur Régional de Limoges dit alors à ma femme ,que e dossier était toujours en instance e qu'en aucune façon il ne pouvait lui communiquer une impression favorable ou non sur son dossier.

Je m'excuse mon Général de vous importuner avec une affai qui ne présente d' intérêt que pour ma famille et moi.

Mais au cas où cette autorisation nous serait refusée, je me permettrais de vous demander s'il m'était possible d'obtenir le grand honneur d'une entrevue avec le Maréchal PETAIN .

Outre le grand honneur de l'entendre,je voudris lui demander,quel conseil il pourrait me donner,afin que dans le domaine de ce qui est permis aux juifs, je puisse élever ma famille dans le travail,dans l'honneur ,sans être un parasite ni pour la société,et sans que moi,le chef de famille,engagé volontaire à 18 ans, mutilé à Verdun,reparti volontairement pour le front,je ne sois pas nourri par le travail de ma femme.

Brouillon de lettre d'André au général Campet du 13 octobre 1941. Suite au blocage de l'autorisation d'achat de Lou-Prat, André demande une entrevue avec le Maréchal (fonds familial).

d'État aux Communications

DÉROGATION EXCEPTIONNELLE TEMPORAIRE

application de l'article 9 de l'arrêté du 11 août 1941 sur la circulation automobile

Il est accordé à la voiture automobile,

Marque. . .MATFORD. . . . . . . , N° d'immatriculation. . .

appartenant à . SALOMON. A. 20. Quai. Vauban à PERPIGNAN. . . . .

exceptionnelle valable jusqu'au 15 Octobre . . . . . .

lui permettant d'obtenir s'il y a lieu une autorisation de circuler conformément à la réglementation en vigueur.

Délivré à VICHY, le 30 Septembre 1941.

Pour le Ministre et par autorisation

Le Directeur du Cabinet

Timbre du Cabinet

En aucun cas la présente dérogation ne dispense d'être porteur d'une autorisation du S.P., I.G., ou S.T.

Dérogation exceptionnelle temporaire de circulation de Perpignan à Sarlat, Vichy, 30 septembre 1941 (fonds familial).

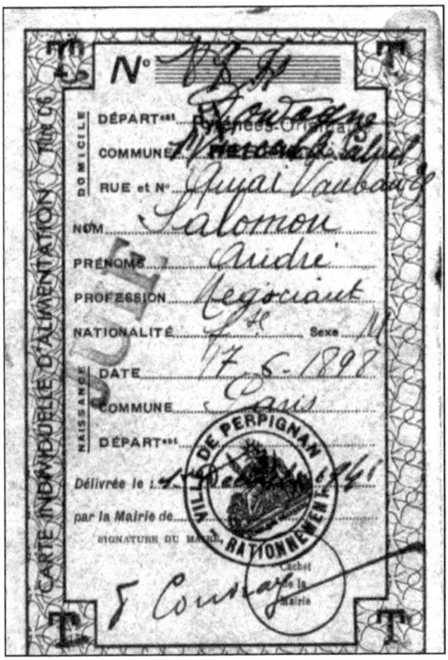

CARTE INDIVIDUELLE D'ALIMENTATION

T

N°

DOMICILE

DÉPART^ent

COMMUNE

RUE et N° Quai Vauban

NOM Salomon

PRÉNOMS André

PROFESSION Négociant

NATIONALITÉ Fse Sexe M

NAISSANCE

DATE 17-6-1898

COMMUNE Paris

DÉPART^ent

Délivrée le

par la Mairie de

SIGNATURE DU MAIRE

Cachet de la Mairie

VILLE DE PERPIGNAN RATIONNEMENT

JUIF

Carte d'alimentation d'André sur laquelle a été rajouté le tampon *JUIF*, St Vincent le Paluel, janvier 1943 (fonds familial).

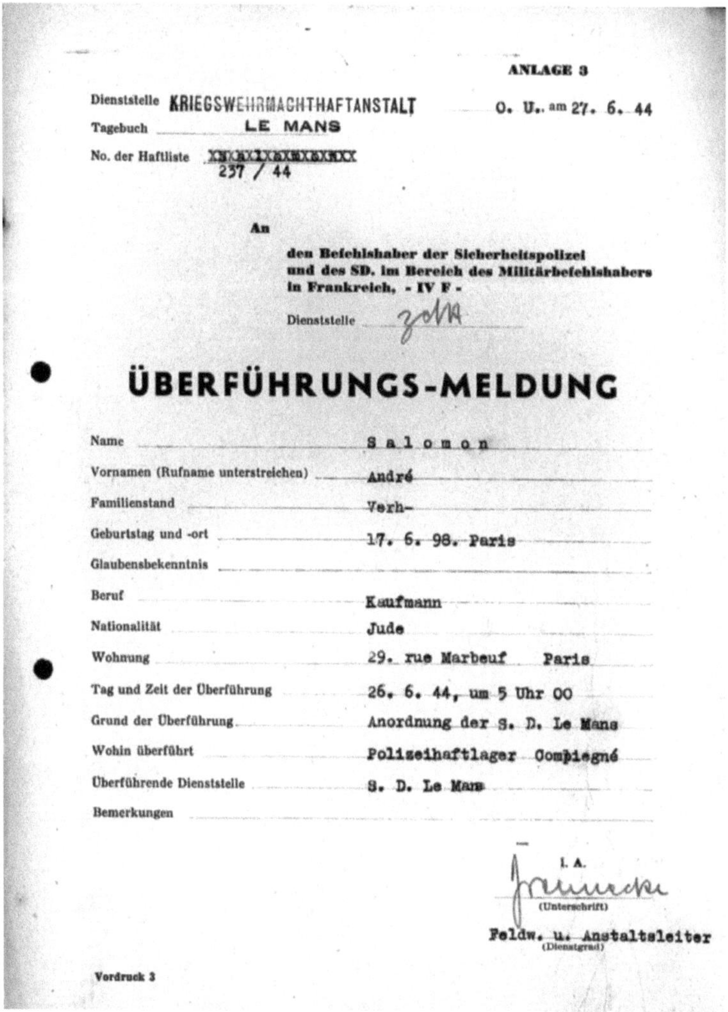

ANLAGE 3

Dienststelle KRIEGSWEHRMACHTHAFTANSTALT — O. U., am 27. 6. 44

Tagebuch LE MANS

No. der Haftliste ~~XXXXXXXXXXXXXXX~~ 237 / 44

An

den Befehlshaber der Sicherheitspolizei
und des SD. im Bereich des Militärbefehlshabers
in Frankreich, - IV F -

Dienststelle zollA

ÜBERFÜHRUNGS-MELDUNG

Name	S a l o m o n
Vornamen (Rufname unterstreichen)	André
Familienstand	Verh-
Geburtstag und -ort	17. 6. 98. Paris
Glaubensbekenntnis	
Beruf	Kaufmann
Nationalität	Jude
Wohnung	29. rue Marbeuf Paris
Tag und Zeit der Überführung	26. 6. 44, um 5 Uhr 00
Grund der Überführung	Anordnung der S. D. Le Mans
Wohin überführt	Polizeihaftlager Compiegné
Überführende Dienststelle	S. D. Le Mans
Bemerkungen	

I. A.
(Unterschrift)
Feldw. u. Anstaltsleiter
(Dienstgrad)

Vordruck 3

Avis de transfert d'André de la prison de la Wehrmacht (prison des Archives) du Mans à Compiègne, en fait Drancy, le 26 juin 1944 (Archives de la Sarthe, 2000 W 157).

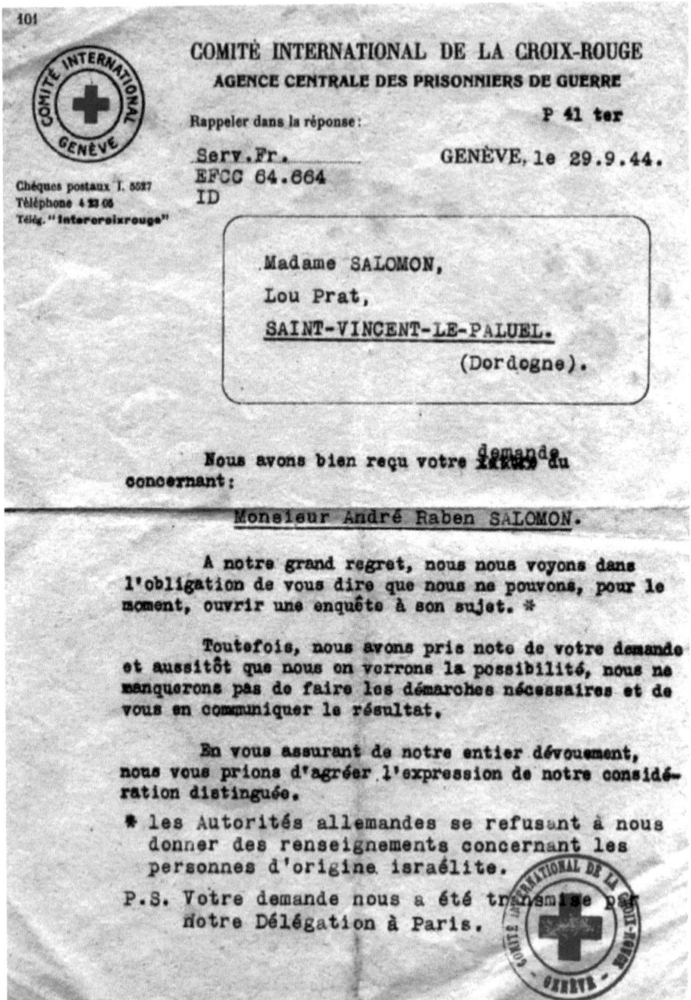

101

COMITÉ INTERNATIONAL DE LA CROIX-ROUGE
AGENCE CENTRALE DES PRISONNIERS DE GUERRE

COMITÉ INTERNATIONAL GENÈVE

Rappeler dans la réponse :

P 41 ter

Serv.Fr.
EFCC 64.664
ID

GENÈVE, le 29.9.44.

Chèques postaux I. 5027
Téléphone 4 23 05
Télég. "Intercroixrouge"

Madame SALOMON,
Lou Prat,
SAINT-VINCENT-LE-PALUEL.
(Dordogne).

Nous avons bien reçu votre ~~xxxxx~~ demande du concernant :

Monsieur André Raben SALOMON.

A notre grand regret, nous nous voyons dans l'obligation de vous dire que nous ne pouvons, pour le moment, ouvrir une enquête à son sujet. *

Toutefois, nous avons pris note de votre demande et aussitôt que nous en verrons la possibilité, nous ne manquerons pas de faire les démarches nécessaires et de vous en communiquer le résultat.

En vous assurant de notre entier dévouement, nous vous prions d'agréer l'expression de notre considération distinguée.

* les Autorités allemandes se refusant à nous donner des renseignements concernant les personnes d'origine israélite.

P.S. Votre demande nous a été transmise par notre Délégation à Paris.

COMITÉ INTERNATIONAL DE LA CROIX-ROUGE GENÈVE

Réponse négative du comité international de la Croix-Rouge à Dita sur sa demande d'enquête, 29 septembre 1944 (fonds familial).

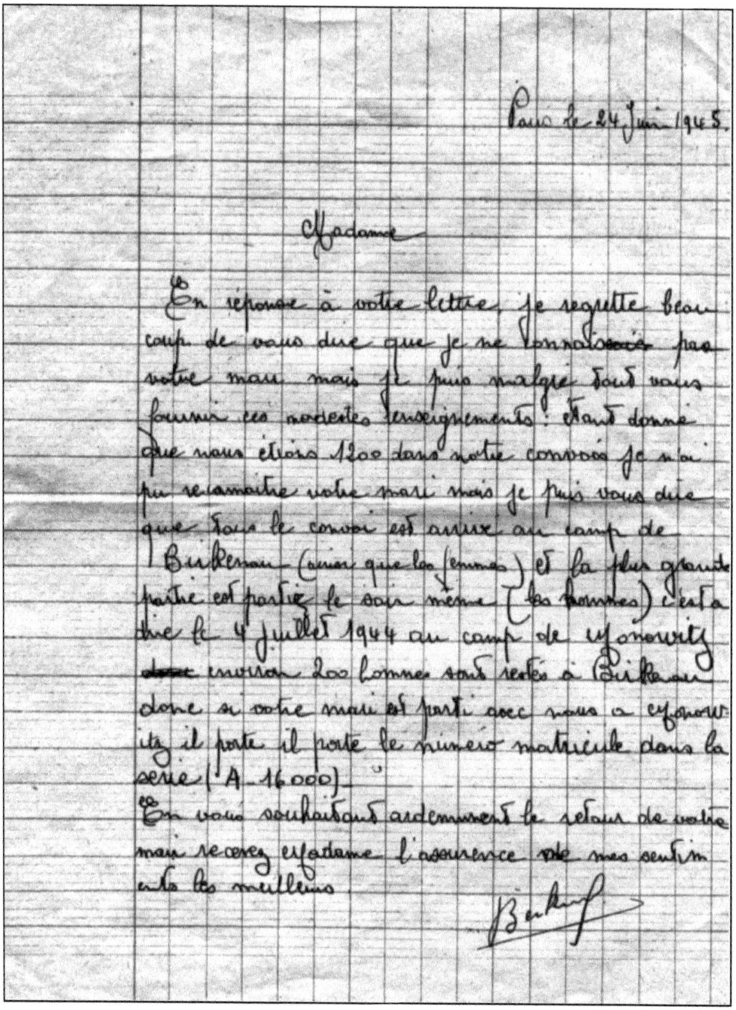

Paris le 24 Juin 1945.

Madame

En réponse à votre lettre, je regrette beaucoup de vous dire que je ne connaissais pas votre mari mais je puis malgré tout vous fournir ces modestes renseignements : étant donné que nous étions 1200 dans notre convoi je n'ai pu reconnaître votre mari mais je puis vous dire que tout le convoi est arrivé au camp de Birkenau (ainsi que les femmes) et la plus grande partie est partie le soir même (les hommes) c'est à dire le 4 juillet 1944 au camp de Monowitz ~~donc~~ environ 200 hommes sont restés à Birkenau donc si votre mari est parti avec nous à Monowitz il porte il porte le numéro matricule dans la série (A-16000).

En vous souhaitant ardemment le retour de votre mari recevez Madame l'assurance ~~de~~ mes sentiments les meilleurs.

Berk[illegible]

Lettre du rescapé André Berkover à Dita du 24 juin 1945.
Il regrette de ne pas avoir connu André
et décrit l'arrivée du convoi 76 à Birkenau,
(fonds familial).

Certificats de Résistance obtenu après guerre

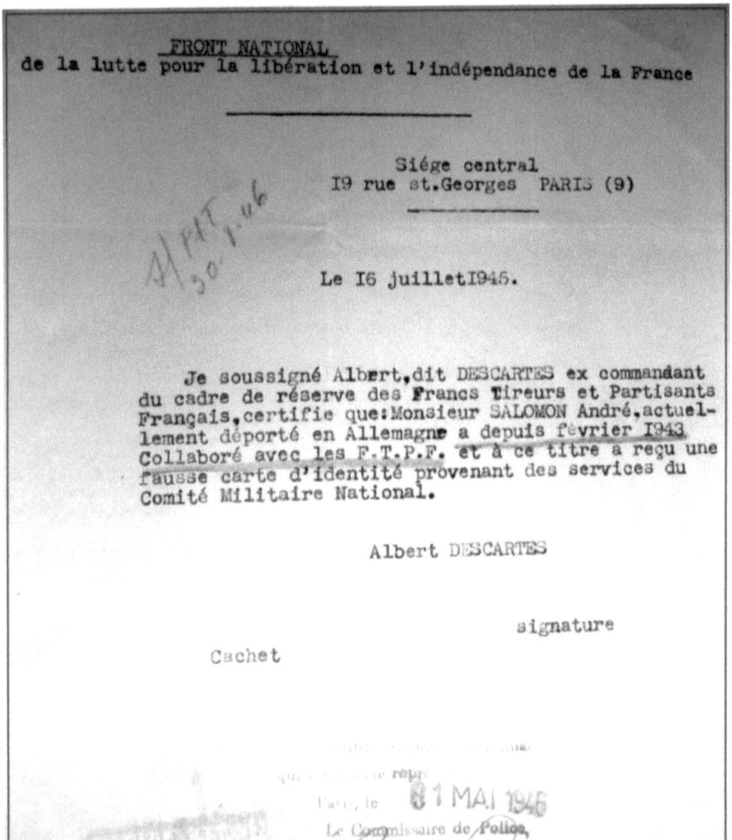

FRONT NATIONAL
de la lutte pour la libération et l'indépendance de la France

Siége central
I9 rue st.Georges PARIS (9)

Le I6 juilletI945.

Je soussigné Albert,dit DESCARTES ex commandant du cadre de réserve des Francs Tireurs et Partisants Français,certifie que:Monsieur SALOMON André,actuellement déporté en Allemagne a depuis février I943 Collaboré avec les F.T.P.F. et à ce titre a reçu une fausse carte d'identité provenant des services du Comité Militaire National.

Albert DESCARTES

signature

Cachet

Paris, le 31 MAI 1946
Le Commissaire de Police,

Attestation du Front National certifiant qu'André collaborait au réseau FTPF, 16 juillet 1945 (BAVCC).

FRONT NATIONAL DE LUTTE POUR LA LIBERATION ET L'INDEPENDANCE DE LA FRANCE
19, rue Saint Georges Tél : TRU-49-24.
Paris 9ème.

Nt. Réf : MM/AR/2158

Paris, le 28 novembre 1950

ATTESTATION

Le Secrétariat national du FRONT NATIONAL (mouvement homologué par décision ministérielle J.O. 22/7/48, page 7173) certifie sur l'honneur en la personne de son liquidateur national, que :

Monsieur SALOMON André, pseudo SAURIN
né le 17 juin 1898 à PARIS, 19e

a effectué de la résistance dans les rangs de son mouvement dès le début de l'année 1943.

Dès sa démobilisation, M. SALOMON quitta l'importante affaire qu'il exploitait à NANTES et se retira avec sa famille dans un domaine rural à St VINCENT-les-PALUELS. En février 1943, il entra dans un groupe de FRANCS-TIREURS et PARTISANS FRANCAIS, participa à l'action de celui-ci et reçu, à ce titre, une fausse carte d'identité provenant des services du Comité militaires national. Connaissant l'Allemand, André SALOMON devenu André SAURIN fit parler des militaires de la WERMACHT. Suspecté, il fut arrêté par la gendarmerie allemand dans la nuit du 10 au 11 mai 1944, à l'hôtel tenu par Monsieur DREUX Louis au bourg de Lamnay (Sarthe). Incarcéré à la prison du MANS, il fut par la suite conduit à DRANCY et de là déporté le 30 juin 1944 au camp d'AUSCHWITZ. Mutilé à 50% de la guerre 1914-1918, il fut dès son arrivée au camp placé dans une colonne de physiquement inaptes et envoyé vraisemblablement à la chambre à gaz (extrait du jugement sur requête rendu par le tribunal civil de l'arrondissement de SARLAT le 27 septembre 1946). La mention "mort pour la FRANCE" lui a été décernée.

En foi de quoi, nous délivrons la présente attestation pour servir et valoir ce que de droit.

Fait à PARIS, le 28 novembre 1950

Pour le Secrétariat national
Le Liquidateur national du mouvement "FRONT NATIONAL"

M. MEUNIER

Attestation de Résistance d'André Salomon par le Front National, rédigée après guerre, novembre 1950 (BAVCC).

Grade RIF

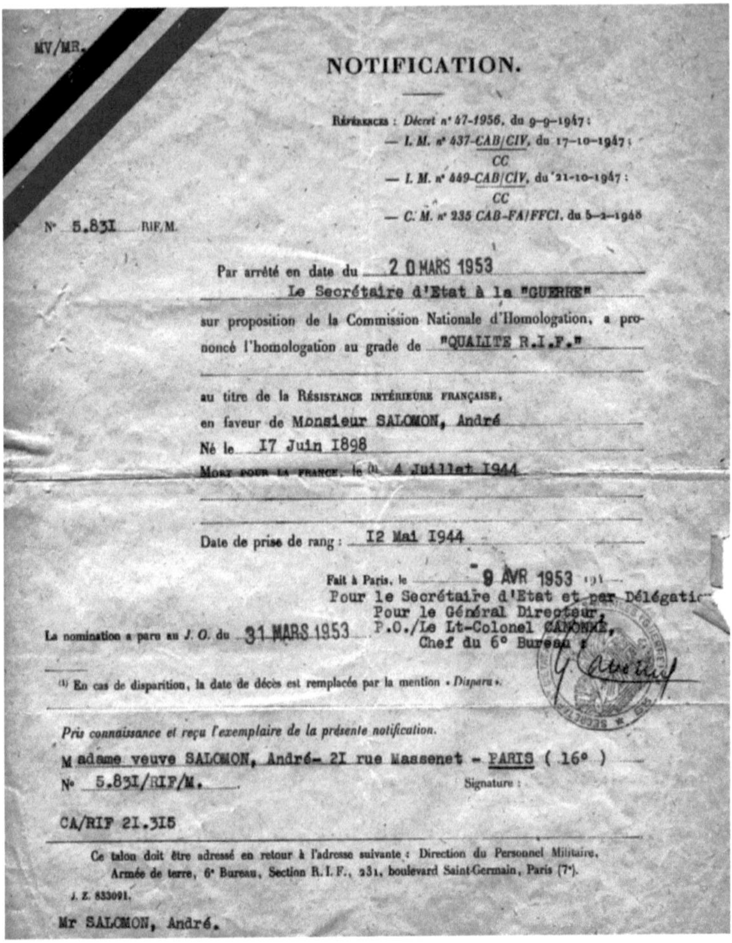

MV/MR.

NOTIFICATION.

Références : *Décret n° 47-1956*, du 9-9-1947 :
— *I. M. n° 437-CAB/CIV/CC*, du 17-10-1947 ;
— *I. M. n° 449-CAB/CIV/CC*, du 21-10-1947 :
— *C. M. n° 235 CAB-FA/FFCI*, du 5-2-1948

N° 5.831 RIF/M.

Par arrêté en date du 20 MARS 1953
Le Secrétaire d'Etat à la "GUERRE"
sur proposition de la Commission Nationale d'Homologation, a prononcé l'homologation au grade de "QUALITE R.I.F."

au titre de la Résistance intérieure française,
en faveur de Monsieur SALOMON, André
Né le 17 Juin 1898
Mort pour la France, le (1) 4 Juillet 1944

Date de prise de rang : 12 Mai 1944

Fait à Paris, le 9 AVR 1953
Pour le Secrétaire d'Etat et par Délégation
Pour le Général Directeur,
P.O./Le Lt-Colonel CANONGE,
Chef du 6° Bureau :

La nomination a paru au *J. O.* du 31 MARS 1953

(1) En cas de disparition, la date de décès est remplacée par la mention « *Disparu* ».

Pris connaissance et reçu l'exemplaire de la présente notification.
Madame veuve SALOMON, André- 2I rue Massenet - PARIS (16°)
N° 5.83I/RIF/M. Signature :

CA/RIF 21.315

Ce talon doit être adressé en retour à l'adresse suivante : Direction du Personnel Militaire, Armée de terre, 6° Bureau, Section R.I.F., 231, boulevard Saint-Germain, Paris (7°).

J. Z. 833091.

Mr SALOMON, André.

Homologation d'André Salomon au grade « Résistance Intérieure Française », 20 mars 1953 (fonds familial).

Bibliographie

DOSSIN Chantal, THOMAS Jeanine, *L'Avant dernier convoi Drancy-Auschwitz*, Cercle d'étude de la Déportation et de la Shoah, 2010.

GOLTMAN Pierre, *Six mois en enfer*, coll. « *Témoignages de la Shoah* », Paris, Éditions Le Manuscrit, 2011.

HIRSCH Claude, *Matricule A-16689. Souvenir de déportation d'un enfant de 13 ans, mai 1944-mai 1945*, Paris, Éditions Le Manuscrit, coll. « *Témoignages de la Shoah* », 2005.

KLARSFELD Serge, *Le Mémorial de la déportation des Juifs de France*, Éditions Association FFDJF, 1978.

KLARSFELD Serge, *Vichy-Auschwitz. Le rôle de Vichy dans la solution finale de la question juive en France, 1942*, Paris, Fayard, 1983.

LAMBERT Annie, TOCZE Claude, *Être juif à Nantes sous Vichy*, Siloë Éditeur, Nantes, 1994.

LANDAU Philippe, *Les Juifs de France et la Grande Guerre. Un patriotisme républicain, 1914-1941*, Paris, CNRS Éditions, 1999.

LE BAIL Sylvain, *Mojzesz Goldman dit « Mireille »*, Éditions Le Chêne Vert, 2001.

MARSURA Évelyne, PRADINAUD Francis, *Le dernier convoi de Lyon*, http://www.memoire-net.org, 2004.

MAURIES Patrick, *Serge Roche*, Galerie Chastel Maréchal, Paris, Gallimard, 2006.

NESSMANN Jean-Daniel, *La Cassure 1939-1945*, Édition du Rhin, 1997.

NESSMANN Jean-Daniel, *De la Résistance au Martyre, 1940-1944, Victor Nessmann*, Impression Saint-Paul S.A., Bar-le-Duc, 1998.

PENAUD Guy, *Histoire de la Résistance en Périgord*, Fanlac Éditeur, 1985.

PROST Élodie, *Édouard Bonnefoy, un haut fonctionnaire sous l'Occupation (juin 1940-mai 1945). Le devoir de désobéissance*, doc-iep.univ-Lyon2.fr, 1999.

REVIRIEGO Bernard, *Les Juifs en Dordogne 1939-1944, De l'accueil à la persécution*, Fanlac, Archives Départementales de la Dordogne, 2003.

REVIRIEGO Bernard, *Les GTE en Dordogne : des camps de travail forcé au service de Vichy* dans KOSCIELNIAK Jean-Pierre et SOULEAU Philippe, *Vichy en Aquitaine 1940-1944*, Editions de l'Atelier, 2011, p. 310-325.

ROULLAND André ET SOULHIE Michel, *Résistance en Périgord noir*, Amicale des Résistants en Sarladais, 1987.

SELTZ Bertrand, *Auschwitz à 16 ans*, L'événement du jeudi, 25 janvier 1995, p. 53.

STEINBERG Jean-Louis ET PERIER Daniel, *Des quatre, un seul est rentré. La destruction d'une famille en 1940-1945*, Association des anciens élèves de l'École Alsacienne, 2008.

TOCZE Claude, LAMBERT Annie, *Les Juifs en Bretagne (Ve-XXe siècles)*, Presses Universitaires de Rennes, 2006.

WEHRBACH François, *André Berkover, matricule A16572 Auschwitz III-Monowitz*, Les Éditions du Colombier, 2007.

Remerciements

Je remercie toutes les personnes qui m'ont aidée à mener à bien ce travail de mémoire et plus particulièrement mon frère Jacques que j'ai harcelé de questions, mon cousin Antoine Vorms pour ses informations généalogiques sur la famille Salomon, les nombreux documents fournis et pour m'avoir introduit aux Archives. Je remercie également mon mari Georges pour sa participation à la rédaction, sa lecture critique et la mise en page.

Mes remerciements vont aussi à ma fille Catherine, ma petite-fille Émilie et ma cousine Catherine Lospied pour leur relecture, à Marie et Clarito[103] Nombela pour m'avoir fait part de leurs souvenirs, à Bernard Reviriégo, archiviste à Périgueux, à Mme Esnou, archiviste au Mans et M. Moreau pour leurs recherches sur mon père, à MM. Chesnier, Estèves et Goisedieu de l'AERIS pour les informations sur les prisons du Mans, à Mme Degrès-Lafitte, archiviste à Gap, pour ses recherches sur la famille Vorms et à Pierre Goltman pour ses précieux conseils au début de mes recherches.

Je dois à ma collègue et amie Odette Szylit de m'avoir guidée dans les actions de mémoire de la Shoah et je la remercie pour sa relecture critique.

[103] Malheureusement décédé le 11 mai 2011.

Table alphabétique des abréviations

AS Armée Secrète
BAVCC Bureau des Archives des Victimes des Conflits Contemporains
CEA Comité d'Entr'Aide
FN Front National (de Lutte pour la Libération)
FTPF (FTP) Francs Tireurs et Partisans Français
GFP *Geheime Feld Polizei,* Sûreté allemande aux armées
GTE Groupement de Travailleurs Étrangers
MLN Mouvement de Libération Nationale
MOI Main d'Œuvre Immigrée
MUR Mouvement Uni de Résistance
NAP Noyautage des Administrations Publiques
PPF Parti Populaire Français
RIF Résistance Intérieure Française
SD *Sicherheitsdienst,* service de sécurité de la SS
SS *Schutzstaffel,* escadron de protection du Führer
STO Service du Travail Obligatoire

Table des matières

Récits, Mémoires, Témoignages aux éditions L'Harmattan

SUR LES TRACES DES SANS VISAGE
Récit d'une adoption
Frutier Elisa
Qui suis-je ? D'où viens-je ? À qui vais-je ressembler ? Pourquoi dois-je toujours expliquer que j'ai été adoptée ? Ces questions, toujours sans réponses, hantent Élisa Frutier. Ce récit est un journal de voyage et nous transporte dans le quotidien d'un orphelinat à Aracaju dans lequel elle a séjourné pendant trois mois. Une histoire vraie, poignante, parfois drôle, toujours empreinte d'humanité.
(Coll. Trans-Diversités, 13.50 euros, 124 p.) *ISBN : 978-2-296-96242-2*

TOI MON ENFANT DIFFÉRENT, MON ROI, MON ANGE
Récit d'une mère face au handicap
Sarah Linda - Préface de Philippe Pozzo di Borgo
À 26 ans Linda devient maman d'un enfant «différent». Né à six mois et demi, Yoann passe ses deux premiers mois en réanimation. Une grande bataille commence alors contre la fatalité et les pires diagnostics. Le fils de Linda vient de fêter ses trente-cinq ans, sa mère peut enfin raconter ses combats et ses victoires sur l'impossible. Ce livre témoigne de l'espoir, des doutes, des révoltes et surtout de l'amour qui a entouré cet enfant.
(17.00 euros, 170 p.) *ISBN : 978-2-296-99110-1*

VIVRE LA FRATERNITÉ AU COEUR DU MONDE
Maurin Maurice - Préface d'Hervé Janson
Dans la mouvance de Charles de Foucauld (1858-1916), la Fraternité des petits frères de Jésus essaie de vivre la fraternité au coeur du monde. Maurice Maurin rencontre les petits frères de Jésus en 1953. Cela le conduira en Algérie, au Maroc, en Afrique centrale, en Israël, puis en Europe de l'Est. Depuis plus de vingt ans, il vit en Pologne.
(Coll. Histoire de vie et formation, 28.00 euros, 278 p.) ISBN : 978-2-296-99184-2

TEMPS DE VIE ET TRANSHUMANCE
Carnets de voyage d'une Amazone 2004-2011
Moneyron Anne - Préface de Gaston Pineau
Anne Moneyron, auteur de plusieurs ouvrages, revient ici avec un ouvrage très personnel, écrit avec sa chair, labourée par sept ans d'épreuves. En sept ans, elle a perdu un sein, la vue à un oeil après une tumeur au cerveau. Ces pertes l'ont amenée aux confins d'elle-même et du monde. Fidèle à sa pulsion d'autoformation vitale, elle a transhumé à travers et au-delà de ses terres connues, avec un feu brûlant en elle. Elle en a fait, ose-t-elle dire, un chemin de fortune, un moyen d'autoformation existentielle.
(Coll. Histoire de vie et formation, 15.50 euros, 158 p.)ISBN : 978-2-296-96765-6

SURVIVANTE
Du Kurdistan irakien aux ports du Pas-de-Calais
Rijbroek Dominique
Ce récit est basé sur le témoignage volontaire d'une femme qui vit dans la peur. Elle évoque son enfance au Kurdistan irakien dans les années 60, au sein d'une famille de communistes en lutte contre le pouvoir en place, son métier d'enseignante qu'elle exerce tout en se livrant au trafic d'armes, la vie quotidienne dans un Kurdistan ravagé par la politique de l'Anfal. Épouse d'un universitaire, Dila possède dans son pays une position sociale enviée. Jusqu'à ce jour de septembre 2000 où tout bascule...
(16.50 euros, 162 p.) *ISBN : 978-2-296-96827-1*

L'HARMATTAN, ITALIA
Via Degli Artisti 15; 10124 Torino

L'HARMATTAN HONGRIE
Könyvesbolt ; Kossuth L. u. 14-16
1053 Budapest

ESPACE L'HARMATTAN KINSHASA
Faculté des Sciences sociales,
politiques et administratives
BP243, KIN XI
Université de Kinshasa

L'HARMATTAN CONGO
67, av. E. P. Lumumba
Bât. – Congo Pharmacie (Bib. Nat.)
BP2874 Brazzaville
harmattan.congo@yahoo.fr

L'HARMATTAN GUINÉE
Almamya Rue KA 028, en face du restaurant Le Cèdre
OKB agency BP 3470 Conakry
(00224) 60 20 85 08
harmattanguinee@yahoo.fr

L'HARMATTAN CAMEROUN
BP 11486
Face à la SNI, immeuble Don Bosco
Yaoundé
(00237) 99 76 61 66
harmattancam@yahoo.fr

L'HARMATTAN CÔTE D'IVOIRE
Résidence Karl / cité des arts
Abidjan-Cocody 03 BP 1588 Abidjan 03
(00225) 05 77 87 31
etien_nda@yahoo.fr

L'HARMATTAN MAURITANIE
Espace El Kettab du livre francophone
N° 472 avenue du Palais des Congrès
BP 316 Nouakchott
(00222) 63 25 980

L'HARMATTAN SÉNÉGAL
« Villa Rose », rue de Diourbel X G, Point E
BP 45034 Dakar FANN
(00221) 33 825 98 58 / 77 242 25 08
senharmattan@gmail.com

L'HARMATTAN TOGO
1771, Bd du 13 janvier
BP 414 Lomé
Tél : 00 228 2201792
gerry@taama.net

630987 - Novembre 2015
Achevé d'imprimer par

1livre.com
du rêve à la réalité !